U0037164

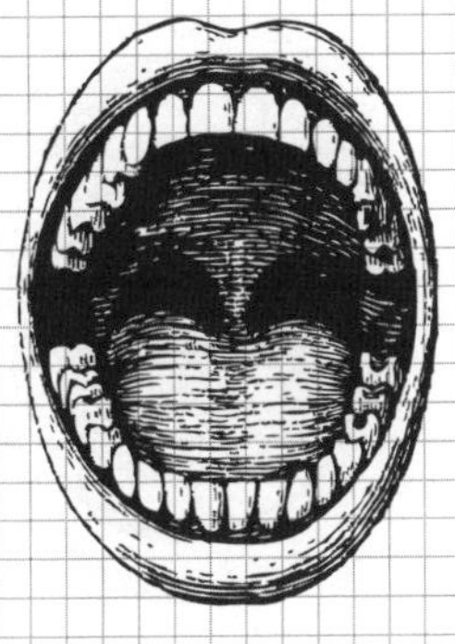

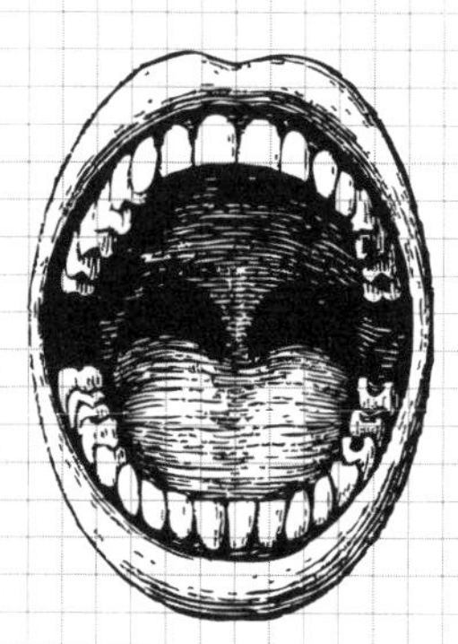

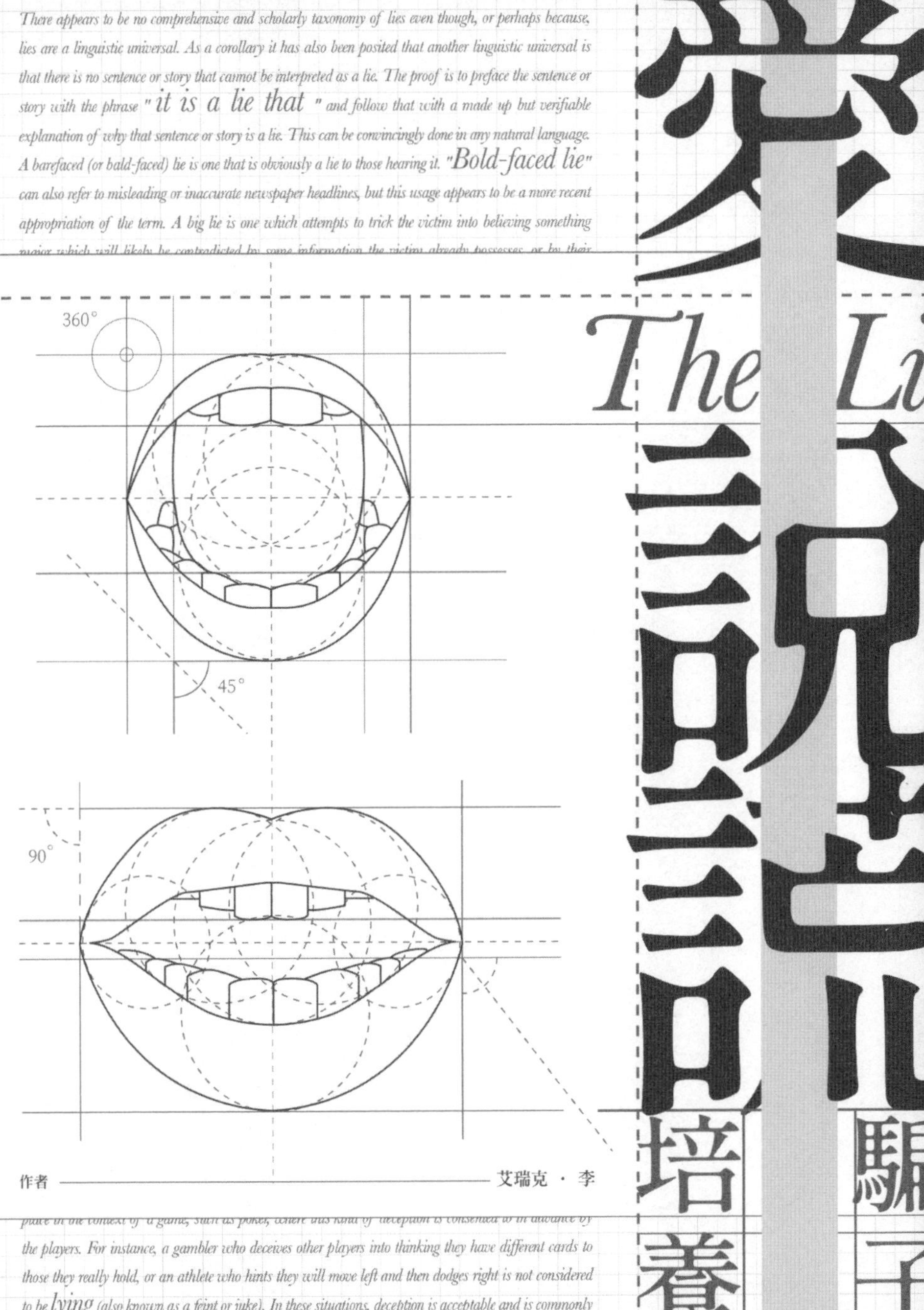

There appears to be no comprehensive and scholarly taxonomy of lies even though, or perhaps because, lies are a linguistic universal. As a corollary it has also been posited that another linguistic universal is that there is no sentence or story that cannot be interpreted as a lie. The proof is to preface the sentence or story with the phrase "*it is a lie that*" and follow that with a made up but verifiable explanation of why that sentence or story is a lie. This can be convincingly done in any natural language. A barefaced (or bald-faced) lie is one that is obviously a lie to those hearing it. "**Bold-faced lie**" can also refer to misleading or inaccurate newspaper headlines, but this usage appears to be a more recent appropriation of the term. A big lie is one which attempts to trick the victim into believing something major which will likely be contradicted by some information the victim already possesses, or by their

360°

45°

90°

作者 ——————————— 艾瑞克・李

place in the context of a game, such as poker, where this kind of deception is consented to in advance by the players. For instance, a gambler who deceives other players into thinking they have different cards to those they really hold, or an athlete who hints they will move left and then dodges right is not considered to be *lying* (also known as a feint or juke). In these situations, deception is acceptable and is commonly expected as a tactic. Bullshit does not necessarily have to be a complete fabrication. While a *lie* is related by a speaker who believes what is said is false, *bullshit* is offered by a speaker who does not care whether what is said is true because the speaker is more concerned with giving the hearer some impression. Thus bullshit may be either true or false, but demonstrates a lack of concern for the truth which is likely to lead *to falsehoods.*

The Li

愛

說謊

騙子的

培養學

正如一把利刃

既可以用來殺人，也可以用以自衛

不可避免地

這本剝下謊言之皮的書

也可能會為說謊者所利用

因此，請不要讓騙子看到它，也別讓自己成為騙子

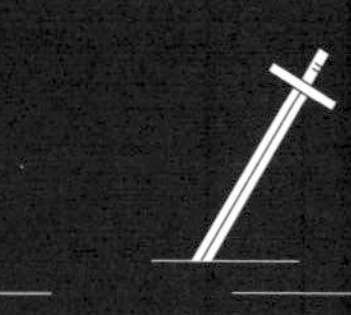

目次

第②部分

謊言的識別 107

第三章 108

語言的背叛

引言

馬丁．蓋爾之謎

【一】

地處庇里牛斯山麓大平原上的阿爾蒂加，是法國上加龍省富瓦縣的一個村子，位於法國的南部。向西翻過庇里牛斯山，就是西班牙境內了，西南則是安道爾公國。庇里牛斯山脈風景宜人，山間盆谷和一些低緩的山坡是農耕地集中分佈的地區，物產豐富，歷來是兵家必爭的戰略要地。十六世紀末，法國瓦盧瓦王室的遠親納瓦拉王國的富瓦伯爵統治著這個地區，一五八九年，富瓦伯爵憑著出色的軍事才能成了胡格諾宗教戰爭[1]的勝利者，最後加冕為法國國王，開創了統治法國幾百年的波旁王朝，他就是大名鼎鼎的亨利四世。

阿爾蒂加沿著萊茲河兩岸一字排開，居民散落在河兩邊的小山上，河的兩岸是農田。與東面的阿列日河，西面的加龍河相比，萊茲河只能算是條小河，但河流水勢湍急，一年

1 又稱法國宗教戰爭，十六世紀四〇年代，加爾文教開始在法國南部傳播，稱為胡格諾教。這與北方的天主教徒發生了衝突，最終演變成長達三十多年的內戰。一五六二年，富瓦伯爵以胡格諾教宗教領袖的身份參加宗教戰爭，最後勝利，成功加冕為法國國王，成為亨利四世。考慮到法國大部分民眾信仰天主教，一五九三年，亨利四世宣布改宗天主教，一五九八年，亨利四世頒布了寬容的《南特敕令》調解了宗教上的問題。

四季水量豐富，足以灌溉兩岸的田地。到了雨季，河水還會漫過河岸，沖毀田裡的莊稼。

中世紀以來，阿爾蒂加的居民一直在這個沿河形成的村莊居住著，以種植小米、燕麥、馬鈴薯和葡萄，牧牛、牧羊，特別是放牧綿羊為生。偶爾他們會到不遠處的勒夫薩鎮上去參加集市，用自己收穫的莊稼和綿羊換回油、鹽等生活日用品。

一五二七年，農民桑克西·達蓋爾帶著兄弟皮埃爾和自己的妻子以及年幼的兒子馬丁，從巴斯克[2]一個叫亨戴的地方搬到了這裡。亨戴是法國的邊境小鎮，從亨戴步行到阿爾蒂加大約需要三個星期，他們是為躲避戰爭的威脅才來到這裡的。十五世紀以來，巴斯克鄉村和納瓦爾一直都是法國與西班牙爭奪的區域。

一五二三年，帝國的軍隊將拉波德地區洗劫一空，第二年這裡又發生了瘟疫。

一五二四年，桑克西的長子馬丁·蓋爾出生。就是在這種情況下，桑克西決定從拉波德遷走。他收拾好家當，帶著妻兒以及尚未娶妻的弟弟上路了。祖產還留在亨戴，以便有朝一日馬丁回來。此時，即便桑克西有心出售，也並非易事，因為巴斯克的習俗禁止出售祖上遺產，除非到了迫不得已之時，即使如此也需要得到與之有利害關係的其他親屬的同

2 位於西歐庇里牛斯山西端的法國、西班牙的邊境一帶，包括位於西班牙境內的巴斯克自治區、納瓦拉，以及位於法國境內的北巴斯克。該地區為巴斯克人聚居地，通行巴斯克語。

意。不過桑克西攜帶了大量的錢財，足以讓他們在新的地方站穩腳跟。

桑克西一行向東穿過庇里牛斯山脈與平原之間的河谷，沿途他們看到熙攘的人群和繁華的貿易景象，一輛輛車子滿載羊毛、染料、木材、糧食和酒運往圖盧茲，牧民們趕著牛和羊群在山上避暑，最後他們在通往圖盧茲繁華大道中途的勒夫薩鎮旁一個叫阿爾蒂加的村子停了下來。

就這樣，達蓋爾一家來到了這裡，在萊茲河東岸住了下來，併購得了一塊土地，還像在老家亨戴那樣開了家磚瓦廠。經過十多年的潛心經營，他們在阿爾蒂加站穩了腳跟，他們的土地擴張到山上的巴茹。除了磚廠之外，他們現在還擁有小米、小麥、葡萄園和綿羊。他們的生活已經過得相當舒適，他們的家庭也隨之擴大了：達蓋爾的妻子又生了四個女兒，皮埃爾也娶了妻子；根據巴斯克的習俗，已婚兄弟不能再一家共居，於是他們分了家，皮埃爾・達蓋爾搬到了桑克西家附近的一個單獨的房子居住去了。

一五三八年，達蓋爾的長子馬丁與萊茲河對岸富有的德羅爾斯家的千金貝特朗・德羅爾斯結婚了。那一年，馬丁・蓋爾才十四歲，如果德羅爾斯像她後來所說的那樣年輕的話，不論是在當時，還是在現在看來，他們都太年輕，還不足以承載繁衍子嗣的重任。而且根據當時的教會法，馬丁和德羅爾斯的婚姻是非法的，據說德羅爾斯結婚時尚不足九歲。

然而讓桑克西始料未及的是，他的兒子在開花結果上出了問題，他沒能及時地等到孫輩的降臨。村子裡人說，小倆口被人施了咒語——在他們結婚那天晚上的婚床上，馬丁和貝特朗之間什麼也沒有發生。貝特朗後來回憶說，他們倆被巫婆的符咒綁了起來，直到八年之後，一位似乎是從天而降的老婦人幫他們解除了封印，德羅爾斯隨後身懷六甲，產下了一個男孩。在孩子受洗的那天，馬丁請求牧師以孩子祖父的名字為名把他稱作桑克西。

我們不清楚結婚之後遭受四周鄰居飛短流長的那十幾年，馬丁・蓋爾夫婦是如何過來的。在當時，一對已婚夫婦在一段時間仍未懷孕，可算得上是奇恥大辱。好在現在可以不用擔心了，馬丁作為達蓋爾家族合法繼承人的身份因為小桑克西的降臨而更加穩固，貝特朗再也不用忍受村裡長舌婦人的流言蜚語了。

但是，一件突然出現的黑天鵝事件改變了貝特朗的命運。

一五四八年，馬丁・蓋爾二十四歲，這一年，不知道是為什麼，也許是為爭奪財產，馬丁未經允許從他父親那裡「借」了一點糧食。按照巴斯克人的規矩，這種行為尤其是發生在家庭內部的盜竊行為是靈魂下賤的表現，是卑鄙的、不可饒恕的，是「一個人自貶身份的貧困的證明」。馬丁把自己置身於家庭和道德衝突的尷尬之境，由於害怕父親的責罰，他離開了家產、父母、妻子以及還不到一歲的兒子。許多年過去了，他音信渺無，生死未卜。

【二】

馬丁．蓋爾離開家的時候，他的妻子貝特朗還不到二十二歲。許多年後，面對圖盧茲最高法院法官科拉斯的問訊，這位美麗的女子回憶起往事時，臉上還明顯地流露出一絲遺憾。

還沒有等到機會在聖母升天節[3]上與同齡的小伙子跳舞，還沒能享受同年異性的追求，貝特朗就已經嫁給馬丁．蓋爾了。誰知等待她的竟然是漫長的被咒語捆綁的生活，好在八年之後，她終於生下了一個孩子，這才算真正地進入了成年女性的世界。可是，正當她準備過上一個正常女人的正常生活時，她的丈夫卻消失得無影無踪。這真是場巨大的災難。即便是毫不相干的村民，村子裡無緣無故地失踪一個人也著實令人不解。對於達蓋爾家族這樣的外來戶來說，這更是一件必須盡快遺忘的醜聞。

桑克西．達蓋爾夫婦至死也沒能等到馬丁歸來，最終，老桑克西決定寬恕他，留下遺

3 天主教、東正教節日，在每年的八月十五日。在天主教的教義中，耶穌的母親瑪麗亞死後，其靈魂與肉體在這一天被一起接進天堂。

囑指定馬丁．蓋爾作為家族財產的繼承人。但是，假如馬丁．蓋爾死了或者永不歸來呢？按照當時的繼承慣例，馬丁．蓋爾的叔父皮埃爾．蓋爾將成為新的繼承人選。在馬丁．蓋爾歸來之前，老桑克西的財產將由皮埃爾代管，並充當幾個未出嫁侄女的監護人。

隨著老桑克西的去世，作為達蓋爾家族財產的代管人、馬丁的叔叔，皮埃爾開始承當起照顧小桑克西母子的任務，並承擔起維繫、挽救家族事業的重任。在十六世紀五〇年代的某個時期，喪偶的皮埃爾娶了貝特朗守寡的母親為妻——在這種情況下，德羅爾斯又和母親生活在了同一個屋簷下。

貝特朗的身份現在有點尷尬，她既非妻子，又不是寡婦；既不能離開皮埃爾家，又無法回到娘家。她只有一邊辛勤勞作，一邊撫養著兒子；一邊等待著丈夫，一邊和她的四位小姑子一起打發那漫長的孤獨時光。想想真是悲催，作為一個不到三十歲的女人，她短暫的人生竟然被分割成幾段不同的悲劇：十年不諳世事的童年，十年年飽受非議的婚姻期，現在則是一眼看不到盡頭的等待……不知道還要等多久啊！

她快崩潰了。她想，他可能已經死了。

【三】

但是，正當貝特朗深信自己已經是一個寡婦的時候，一五五六年夏季的某一天，馬丁．蓋爾突然回來了。

馬丁．蓋爾並沒有直接到家，他病了，住在鄰村的一家旅店裡，他告訴店老闆他是馬丁．蓋爾。在提到妻子和兒子的時候，他哭了起來。馬丁的幾位妹妹聽到後，興奮地趕到旅館去探望哥哥，圍著他噓寒問暖，然後興高采烈地回去告訴嫂子了。

不過等到貝特朗看見馬丁的時候，她驚訝地往後退了幾步，她幾乎認不出他來了。直到馬丁深情款款地回憶起他們在一起的生活細節，特別是提到那件曾被他人施以咒語的白色緊身褲時，她才摟住他的脖子吻他，說：「你的鬍子怎麼這麼長了？我都認不出來了。」一旁的皮埃爾未置可否，一直冷冷地打量著他，當那人說起他們一起做過的事兒，皮埃爾這才相信眼前的這個人就是自己的侄子。皮埃爾抱住他說：「感謝上帝，馬丁回來了。」

不過，馬丁．蓋爾還是沒有回家，直到病情好轉之後，貝特朗才把她帶回阿爾蒂加，幫他重新熟悉村子和鄰人。遇見鄰居的時候，要是別人沒能認出他，他就跟他們聊很多年前大家在一起做過的事。他告訴他們，他離開阿爾蒂加後，加入了法國國王的軍隊，在西班牙待了好幾個月。後來他特別想他的兒子小桑克西、妻子貝特朗以及其他的一些親戚們，於是就回來了。他要和貝特朗待在一起，再也不分開了。「我之前怎麼能那麼狠心呢？」說到這的時候，他忍不住哭了起來。

【四】

根據老桑克西的遺囑，馬丁．蓋爾是老桑克西財產唯一的合法繼承人。現在馬丁回來了，理所當然地成了新的主人，他成了阿爾蒂加一位重要的農業主。馬丁搬進以前屬於老桑克西的房屋，承擔起了所有以前由皮埃爾叔叔代管的責任和義務，參與村中的人情往來，拜訪親戚，照顧兩位未婚的妹妹。

馬丁．蓋爾歸來之後，展現出來了卓越的商業才能，他成了一位如魚得水的生意人，擴大了老桑克西的經營範圍，順著萊茲河上去，到更遠的地方去販賣糧食、酒和羊毛，並試圖從經營地產中牟利——這些由老桑克西兢兢業業掙得的地產傳給了馬丁．蓋爾。

然而這卻給馬丁帶來了麻煩。當他提出出售亨戴祖產的時候，他的叔叔站了出來。皮埃爾驚呆了！出售祖產這種行為在萊茲河倒是十分常見，但是不合乎巴斯克人的習俗，馬丁．蓋爾難道忘記了他的巴斯克人身份了嗎？不僅如此，馬丁還不斷請求皮埃爾把代管時期的帳本給他，他一直懷疑皮埃爾竊取了他本應得的財產。儘管很長一段時間內，這個請求一直是以玩笑的口吻說出來的，但後來馬丁終於忍無可忍，將皮埃爾告上了法庭。

對皮埃爾來說，馬丁．蓋爾的做法太過分了。這就是自己曾親手拉扯大的侄子？而且，在馬丁離家出走那段時光，是皮埃爾煞費苦心，一肩挑起達蓋爾家族的重任。現在馬丁竟然以此來污衊他，即便在代管期間皮埃爾扣除了部分財產增殖，那也是他作為代管人的應得。這個忘恩負義的傢伙！馬丁怎麼能隨意處置亨戴的祖產呢？這可不是巴斯克人的做法啊！皮埃爾一度曾埋藏在心底的懷疑漸漸浮了上來：為什麼他忘記了那麼多他小時候經常掛在嘴邊的巴斯克話呢？為什麼回來之後他對擊劍和變戲法失去了興趣？這些可是他之前一直為之迷戀的東西。還有，小桑克西怎麼和他越來越不像呢？更重要的是，「巴斯克是忠實的」，知道羞恥的，當年馬丁．蓋爾在偷了家裡糧食被發現之後，含羞拋棄家產離家出走，而現在這個人竟然要變賣祖產，還將我告上法庭，沒有一點兒羞恥之心！這人怎麼可能是我的侄子？

皮埃爾將他的懷疑告訴了妻子和女兒女婿們，並說服他們相信，這個所謂的馬丁是個冒名頂替的騙子。他和貝特朗的母親一致強迫貝特朗將馬丁．蓋爾告上法庭，卻遭到了貝特朗的嚴厲拒絕。隨後的一年裡，他們不得不重新分了家。皮埃爾在村里到處走動，逢人就說馬丁是個冒名頂替的騙子。村中的鞋匠說，要是他是真的馬丁．蓋爾，那麼他現在的腳為什麼變小了？而馬丁則逢人就說皮埃爾之所以捏造這個謊言是因為他想要從叔叔那兒要回帳本，皮埃爾這是在報復他。馬丁的妹妹們堅定地站在了哥哥這一邊，皮埃爾的女婿和妻子（也就是貝特朗的母親）則堅持這個馬丁是個冒名頂替的騙子。貝特朗則極力維護自己的丈夫，說：「他是我的丈夫馬丁．蓋爾，如果有人再到處顛倒黑白嚼舌頭，我會宰了他。」

兩家的爭鬥幾乎到了白熱化的程度。爭議先是到了阿爾蒂加地方執政官那裡，然而一直沒能討論出個所以然來。馬丁的支持者和皮埃爾的支持者幾乎勢均力敵。但是，到了一五五九年夏末秋初，事情突然出現了轉機。一位來自羅什福爾的士兵路過阿爾蒂加時，看見了馬丁，他告訴皮埃爾，這人是個騙子，真正的馬丁．蓋爾有條木腿，他在兩年前的一次戰役中丟了一條腿。說完，他就走了。

接下來的事態發展對貝特朗夫婦更為不利。馬丁捲入了一場縱火案中，對方是有勢力的拉努領主，馬丁被收進了圖盧茲的監獄，最後因為證據不足，犯罪嫌疑人被釋放出來了。

一五六六年一月，馬丁．蓋爾從圖盧茲的監獄歸來時，貝特朗在家裡溫柔地等著他，給他打好了水，並替他洗腳。但次日清晨，皮埃爾和他的女婿們全副武裝，以貝特朗的名義抓住了馬丁．蓋爾，然後將他捆起來送去里厄的監獄。

在馬丁被押送至里厄監獄的路上時，阿爾蒂加的貝特朗則處於母親和繼父的雙重壓力下。他們威脅說，如果貝特朗不允許他們以她的名義控告她冒名丈夫，她將被趕出家門。倔強的貝特朗心裡一邊盤算著該如何應對，一邊與母親和繼父周旋著。最後她同意了皮埃爾的要求，而在她的心裡，她希望自己輸掉這場官司。

【五】

在十六世紀的法國，冒用別人的名字行騙是一件非常嚴重的罪行。儘管它沒有固定的刑罰，但是一旦國王的代理人插手案子，被告受到的威脅可不是罰點款就能解決的，如果罪名成立，甚至可能被判以死刑。但是在沒有攝像、沒有錄音、沒有指紋，甚至沒有任何書寫記錄的當時，他們該如何確認一個人的身份呢？

到審判結束，里厄法院一共請到了一百五十人出庭作證馬丁．蓋爾冒名案。超過四十五位證人說被告是阿諾．迪蒂爾——一個聲名狼藉、生活糜爛的浪蕩子，或者至少他不是馬丁．蓋爾；大約三十到四十位證人堅持報告絕對是馬丁．蓋爾，這其中包括馬丁．蓋爾的四位妹妹、兩位妹夫，以及一位來自當地最有聲望人家的名人卡特琳．博埃里；其餘的六十多人則拒絕辨認被告身份。

法庭要求原告與被告對質時，馬丁．蓋爾小心翼翼地反駁著貝特朗的質疑，他說她是個誠實的女子，只是在皮埃爾的威逼下才不得不撒了謊。他向法官聲稱，如果貝特朗願意發誓，表示他不是她的丈夫馬丁．蓋爾，他甘願接受法庭判他的任何一種死刑。聽到這裡，貝特朗沉默了。

輪到被告自辯的時候，馬丁．蓋爾的表現絕對精彩絕倫，他能清楚地記得婚禮上的每一個細節，甚至客人的服裝；他能詳細地敘述原告貝特朗曾向法官講述的那些他們之間的床笫隱秘；他的回憶從未出錯，他在法國和西班牙的那些活動，通過了法庭對認。他對與他對質的證人的反駁讓對方無還手之力。

儘管如此，里厄法庭還是裁決被告假冒馬丁．蓋爾罪名成立，國王的代理人請求判被告死刑，這超出了貝特朗的請求，被告不服提出了上訴。於是，在一五六〇年的四月三十日，馬丁．蓋爾冒名案被送到圖盧茲最高法院複審。

圖盧茲最高法院已經存在一百一十七年了，匯聚了大量的法學專家。承擔此案的是經驗豐富的羅馬法哲學家科拉斯（Jeande Coras）。在圖盧茲，馬丁．蓋爾的故事又一次被複述。被告的辯解是如此完美，以至於貝特朗和皮埃爾看起來倒像是假冒的妻子和叔父，囚犯才是真正的丈夫，科拉斯事後評論說。

幾乎所有的證據都對被告有利，馬丁的四個妹妹堅稱囚犯肯定是她們的兄弟馬丁，她們是受人尊敬的體面女人，而且與馬丁．蓋爾沒有財產繼承衝突。最關鍵的一點是：囚犯能清楚而完整地記得馬丁．蓋爾生平的每一件事，包括原告獨自對法官講述的那些私密細節。最後，本著羅馬法「寧可放過有罪者，不可錯殺無辜」的精神以及出於對孩子需要一個父親，妻子需要一個丈夫的考慮，法庭準備裁決被告無罪。然而就在這時，一個裝著木腿的人，一瘸一拐地出現在了法院的大門前，他說他是馬丁．蓋爾。

【六】

馬丁．蓋爾歸來是一個關於謊言的故事。故事的最後，那個假的馬丁被處以火刑。在阿爾蒂加的謝罪儀式上，他恢復了本來的名字阿諾．迪蒂爾，他光著頭，赤著腳，只穿了一件白襯衣，跪在教堂前公開懺悔，祈求能夠得到上帝、國王、法庭、馬丁・蓋爾、貝特朗以及皮埃爾的寬恕。當劊子手的繩索套上他的脖子時，他祈求現在取代他位置的那個人不要怪罪貝特朗，她是個重名譽的女子。至於貝特朗，他只是請求她能夠寬恕他。最後，熊熊大火把他吞沒了。

故事到了這裡並沒有結束。作為複審馬丁・蓋爾冒名案的法官，科拉斯後來寫下了《難忘的追捕》（Arrest Memorable）一書，在書裡他記下了這個離奇的案子。科拉斯說，要不是那個裝著木腿的人「像個奇蹟」一樣出現在法庭，他恐怕就要錯判此案了。事實上，科拉斯不是沒思考過那個假的馬丁可能是在說謊。兩年前，他在翻譯哈德良[4]與埃皮克泰圖斯[5]對話時就思考過這個問題：

哈德良：什麼是人無法洞察的？

埃皮克泰圖斯：他人的心和思想。

科拉斯對此評價道：「確實，在人與人之間，沒有比造假和偽飾更令人厭惡了。」然而，要分辨清何謂真情何謂謊言是何等艱難！波爾多市的蒙田在讀了《難忘的追捕》之後

---

4 普布利烏斯・埃利烏斯・哈德良（Publius Aelius Traianus Hadrianus，76—138），羅馬帝國安敦尼王朝的第三位皇帝，五賢帝之一，117年至138年在位。

5 埃皮克提圖（Epictetus，55—135），斯多葛派哲學家，生於小亞細亞。他的學生阿利安記錄了他的許多談話，並整理為《埃皮克提圖談話錄》（Arrian's Discourses of Epictetus）一書，使他的學說得以流傳。

說：「真相和假像是如此相似……我們卻只能用同一雙眼睛來打量它們。」[6]

儘管馬丁．蓋爾的故事已經過去四百多年了，但它依舊是個未完待續的故事。一九八二年，以這個故事為題材的法國電影《馬丁．蓋爾歸來》贏得了三項大獎，而且這個故事已經有了好幾部電影，並至少為一部劇本、兩部小說和一部小型歌劇、一部人類學著作提供了靈感來源。它也直接啟發了我寫下了這本關於謊言的書。馬丁．蓋爾的故事之所以有不斷複述的意義，是因為它能提醒我們，奇怪的事情是有可能發生的。就像科拉斯法官在事後反思馬丁．蓋爾冒名案時所發的感嘆一樣，我期待本書能像圖盧茲法院門口出現的「木腿奇蹟」一樣，也能給每一位熱愛真理的讀者們帶來沉思。

二〇一五年十月六日

6 蒙田在《論瘸子》中談到了馬丁．蓋爾冒名案。

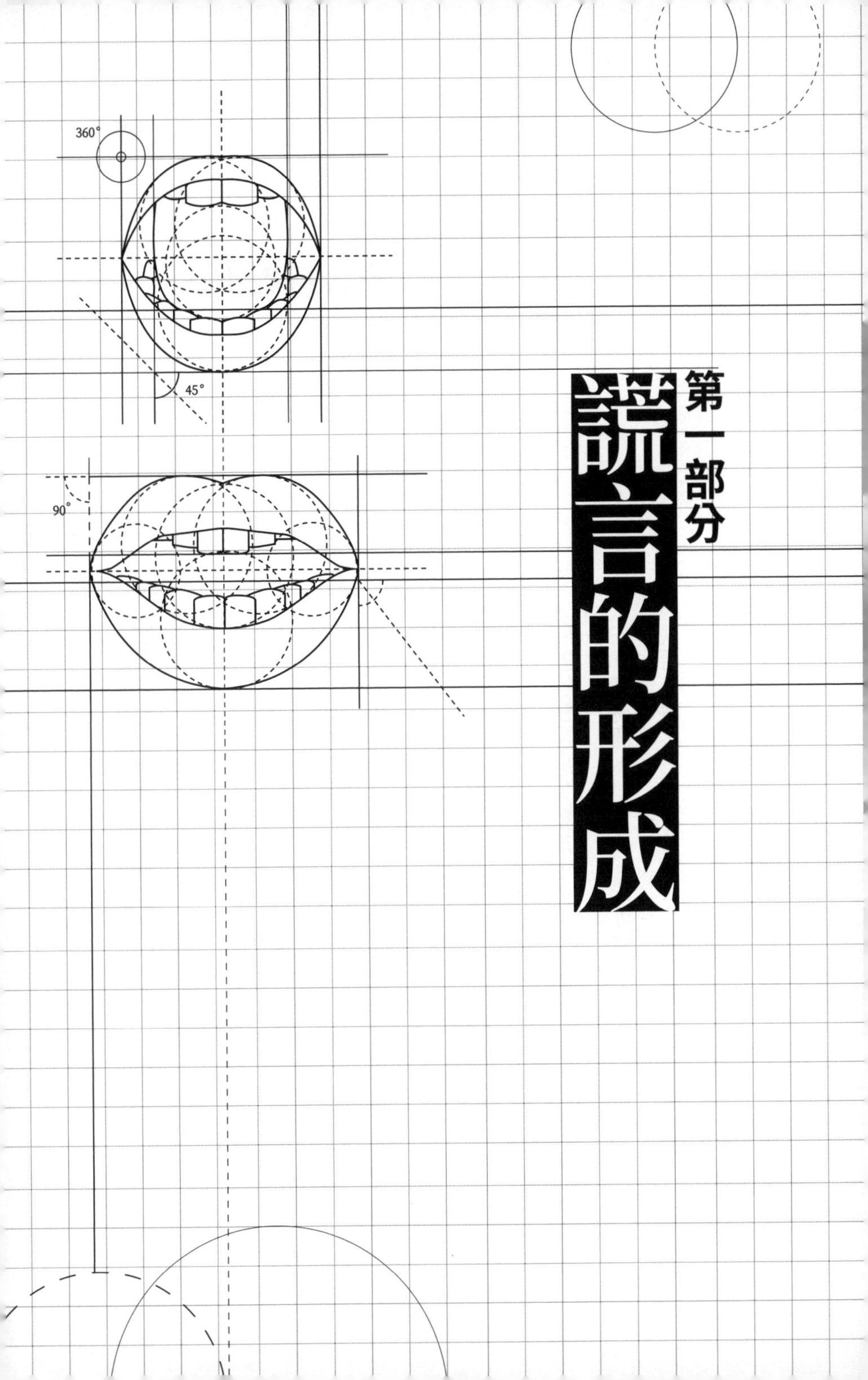

第一部分 謊言的形成

第一章
謊言無處不在

一、《慕尼黑協定》

一九三八年九月十五日，德國總理阿道夫．希特勒（Adolf Hitler）和英國首相張伯倫（Arthur Neville Chamberlain）進行了首次會晤。至二十二日，僅僅一個星期，張伯倫就兩次飛往德國和希特勒會談。

希特勒在德國上台後，一直暗中積極地策劃發動一場新的世界大戰。他把侵略的矛頭指向了德國東邊的捷克斯洛伐克。但是突襲捷克需要幾個星期的準備時間，如果英、法等國從中加以制止，計劃就可能會落空。於是，希特勒一面同張伯倫談判，一面暗中部署軍隊。他告訴張伯倫，如果捷克斯洛伐克同意德國重新劃分國界線的要求，自己願意維持和平。九月二十九日，在捷克斯洛伐克缺席的情況下，英、法、德、意四國首腦簽訂了《慕尼黑協定》（Munich Agreemen），捷克斯洛伐克就這樣被他的英法盟友出賣了，這個協定使捷克斯洛伐克喪失了一萬平方英里的領土、三百六十萬居民和一半以上的經濟資源，而且打亂了它的整個鐵路運輸、公路交通、電話電訊系統，使它喪失了重要的防衛屏障。三十日早晨，張伯倫私下會見了希特勒，簽署了《英德宣言》（Anglo-German Declaration）：

我們，德國元首和英國首相，今天進行了更深層次的會談，共同承認「英德關係對兩國和歐洲都具有頭等重要意義」。

我們尊重昨天晚上簽訂的協議，並且將《英德海軍協定》[7]作為兩國人民渴望再不交戰的象徵。

我們決心做到，磋商的方式應該應用到涉及兩國的其他問題上，並決心繼續努力去

7 英國和德國於一九三五年六月十八日簽訂了關於兩國海軍軍備力量的條約，條約規定：德國海軍艦艇總噸位不超過《華盛頓海軍條約》和《倫敦海軍條約》所規定的英聯邦國家海軍艦艇總噸位的35%。在潛艇方面，德國保證，保有的潛艇噸位不超過英聯邦國家海軍潛艇總噸位的45%。

除可能出現分歧的源頭，以確保整個歐洲的和平。

阿道夫．希特勒

內維爾．張伯倫

一九三八年九月三十日

張伯倫對這一紙互不侵犯的宣言十分滿意，回到倫敦，剛下飛機就得意忘形地向著歡迎他歸來的人們揮舞著那張有希特勒簽字的宣言稱：「從今以後，整整一代的和平有了保障。」「現在我請你們回去，在你們的床上安心睡覺吧！」在唐寧街十號，張伯倫揮動著他和希特勒簽署的文件，對群眾說：「我的好朋友們，這在我國歷史上是第二次從德國回到唐寧街，帶回了體面的和平。我相信這是我們的時代的和平。」而下面的街道上則響起了「善良的老內維爾」[8]的喊聲。

但是，等希特勒騰出手來，兵力集結完畢後，一九三九年三月十五日，也就是《慕尼

8　張伯倫的全名是亞瑟．內維爾．張伯倫（Arthur Neville Chamberlain）。

黑協定》簽訂五個月之後，希特勒閃電出兵吞併了捷克，這個協定就和捷克斯洛伐克一起不復存在了。它被簽字人之一的希特勒親手撕毀了。事實上，在協定簽訂之時，希特勒就制訂了「清算捷克斯洛伐克殘餘部分」的絕密計劃。一九三九年九月一日，一百五十萬德國軍隊大舉越過波蘭國境，分三路進逼華沙，張伯倫這才如夢初醒，在朝野內外的一致壓力下，被迫對德國宣戰，他無可奈何地說：「這對我們大家來說都是一個可悲的日子，而對任何人都沒有比對我來說更為可悲了。我曾為之奮鬥過的一切，我曾希望過的一切，在我的公務生活中我曾信奉過的一切，都毀滅了。」第二次世界大戰爆發了，英法的綏靖政策宣告失敗。

英國的在野黨和其他很多人都知道希特勒和他領導的第三帝國言而無信，常常破壞遊戲的規則。在協議簽訂之前，張伯倫在國內就遭到了反對派的極力反對。《慕尼黑協定》簽訂後不久，邱吉爾（Winston Churchill）在英國下院演講說：「這無疑是西方民主國家向納粹武力威脅的徹底投降。這種失敗不會給英國和法國帶來和平或安全，恰恰相反，這將使這兩個國家的處境更為軟弱和更加危險。」「這是英國未經戰爭而遭到的一次可恥的失敗。」但是為什麼張伯倫還是簽下了這個事後看來愚蠢至極的協定呢？希特勒是如何誘使英國和法國一步步答應德國的無理要求的呢？張伯倫又是如何心甘情願地被希特勒誤導和欺騙，不由自主地墮入謊言的陷阱呢？

在今天看來，希特勒的謊言和騙局並不高明，幾乎可以一眼看穿，我們可以責怪張伯倫竟然如此草率和愚蠢，在面對國會的質疑時，他竟然還為希特勒辯解，說他是一個「言出必踐的人」、一個「行勝於言的人」。然而這些不過是「後見之明」罷了，事後的理性思考，並不能等同張伯倫當時的心境。也許張伯倫明知道對面坐著的是個信口雌黃的傢伙，但還是毅然簽下了協定；儘管他知道災難早晚會來臨，但他一廂情願地相信，災難會來得晚些或者他有能力避免災難的發生。當然對於張伯倫來說，他還有另一個不得已的苦衷：如果不簽訂協定，那就意味著對外宣布綏靖政策的失敗，在當時，綏靖政策還是受到普遍的肯定和支持的。那麼，在慕尼黑事件中，張伯倫不得不對自己說了謊，也對世人說了謊嗎？美國歷史學特爾福德・泰勒（Telford Taylor）在《慕尼黑：和平的代價》（Munich: The price of peace）一書中寫道：「究竟是希特勒把張伯倫徹底騙了，還是張伯倫在欺騙自己的同僚，好去接受希特勒的要求？」

政治家似乎都是天生的撒謊家，從古希臘的木馬屠城到尼克松水門事件（Watergate

scandal），謊言和政治如影隨形，甚至可以這樣說，政治的歷史有多長，謊言的歷史就有多長。而在戰場上，欺騙更是製勝的關鍵，兩千多年前，中國的軍事思想家孫子在他的兵書中就寫道：

兵者，詭道也。故能而示之不能，用而示之不用，近而示之遠，遠而示之近。利而誘之，亂而取之，實而備之，強而避之，怒而撓之，卑而驕之，佚而勞之，親而離之。攻其無備，出其不意。此兵家之勝，不可先傳也。

二、謊言是怎樣露出馬腳的？

托馬斯．羅賓遜（Thomas Robinson）是麻薩諸塞州一個動畫設計公司的首席執行官。他在康乃狄克州還有一個分公司，平時，他都待在麻薩諸塞州，每季度的最後一個星期，他才會來到斯托斯，看看分公司的工作情況。

去年三月的最後一個星期，他再次來到康乃狄克州。無一例外，每次來的時候，他都要參加一次例會和總結會，聽總經理熱情地匯報工作和生產，這個季度環比、同比增長了多少等等。他心裡很清楚公司的發展現在遇到了瓶頸，北美的業務已經飽和了，而且面臨著強大的競爭對手的擠壓，公司大部分的工作被外包到中國和東南亞一些國家了，但是那裡的人力成本正在上升，和本部一樣面臨著日本、印度等國動漫企業的競爭，稍有不慎，就有可能失去亞洲市場的危險。他這次來就是想要調整一下公司發展規劃——但是現在一切看起來運轉得非常正常，每個員工都很忙碌，有的忙著打電話跟客戶溝通，有的為某個方案爭得面紅耳赤，有的坐在電腦前專心致志地工作著。

下午，托馬斯準備離開公司，經過一間辦公室的時候，一個長髮及肩的男孩引起了他的注意。男孩穿的外套像是要去參加南方小雞（Dixie Chicks）演唱會，當然這樣的打扮也沒什麼，畢竟這是一家從事創意產業的公司，需要寬容和多元，托馬斯從來也沒有對公司的著裝統一規定。但他還是忍不住停了下來，和男孩攀談了起來。

「你在忙什麼呢？」托馬斯隨口問道。

「我在蒐集信息，需要完善一下《豌豆公主》製作方案。」男孩答道。

《豌豆公主》方案？托馬斯臉上飛快地閃過了一絲奇怪的表情，不過很快就消逝了。他沒有繼續深問下去，只是和男孩繼續閒聊了幾分鐘，然後轉身往總經理辦公室走去了。

他有種預感，分公司的總經理一定有什麼隱瞞著他。托馬斯再次回到總經理的辦公室，又問了一些新的問題，仔細地看了看財務報表和工作紀要，他漸漸地發現，分公司的總經理背著他在攬一些私件為自己牟利。開始的時候，總經理極力否認，最後低下頭承認了。

托馬斯是如何發現這一騙局的呢？是直覺還是從員工談話無意中洩露的秘密呢？在接下來的幾章裡我們會陸續揭曉答案。

三、我們每個人都會說謊

我們為什麼要說謊呢？尼采（Friedrich Nietzsche）解釋道：「為了生活我們需要說謊。」馬克·吐溫（Mark Twain）有詩也說：

每個人每天每小時，
清醒時、沉睡時、做夢時，
高興時或悲傷時，
無時無刻不在說謊；

即使能夠三緘其口，
我們的雙手、雙腳，
雙眼和舉止仍禁不住顯露出愛騙人的本色。

這麼說來，說謊似乎是人的天性。托馬斯的故事只是我們生活中極小的一個例子罷了，事實上，我們每個人幾乎每天都在撒謊。我們因為害怕而說謊，因為膽怯而說謊，為了討好別人而說謊，為了不想被人打擾而說謊。如果有人告訴你，他這輩子從來沒有說過謊，那麼，他這句話本身就是一個謊話。

馬斯特是加利福尼亞州一位遠近聞名的牧師，他經常與教徒們開玩笑。一天，他站在講壇上佈道，說道：「說謊是你我日常生活中極為普遍的現象，你我都說過謊。不過，說謊不是一件好事，一個人養成了說謊的習慣，便很容易走向犯罪之路，所以，我今天以『不應說謊』為題，跟大家談一談說謊的危害。在沒談論主題以前，我想問一問，你們之中有那幾位讀過《馬太福音》第三十三章?讀過的請舉一下手。」

馬斯特的話剛說完，幾乎所有的教徒都把手高高舉起，聲明自己讀過。馬斯特見狀，連忙用手示意大家把手放下，然後，他笑著說：「兄弟姊妹們，《馬太福音》中根本就沒有第三十三章，你們都在說謊！」

羅伯特．費爾德曼（Robert Feldman）是麻薩諸塞大學（University of Massachusetts）的心理學教授，他帶領的研究團隊在調查中發現，說謊在人際交往中十分普遍，大多數人一天當中幾乎都要遭遇十到兩百次謊言，60％的人在十分鐘的談話中至少有一次在說謊。費爾德曼說：「若你問一般人說不說謊，他們通常會答：『不，我從不講大話。』或者說：『只出於善意。』但如果你找一天細心觀察自己的行為，你會發現真相是另一回事。」他解釋道，「只不過有些謊言自身並不在意，也不會導致利害關係，所以你並不會覺察到。」

場景一

「我最近是不是又胖了？腰好像又大了一圈！」洗完澡的妻子往往會冷不丁冒出這樣的問題，這是讓丈夫最感到頭痛的事情，而不論妻子是否真的胖了，「不會啊，你看起來一點都沒有啊！」這樣的回答通常是男人們的標準答案。

場景二

「我覺得你符合我們公司的錄用條件，但我還需要把你的簡歷提交給董事長看一下，請等我們的消息。」笑容可掬的面試官對應徵者說。

場景三

「促銷明天就結束了，我建議你最好在明天下午三點之前就定下來。我們還需要通知人上門安裝呢。」商場的空調售貨員電話裡催促道。

場景四

「小姐，麻煩你幫我催一下這桌的菜。」客人耐心地對侍者說。

「好的，先生。我幫您去看一下。」過了片刻。服務生滿臉歉意地說：「先生，您再耐心等等，你要的菜再過幾分鐘就上桌了。」事實她只不過去門外兜了一圈，根本沒對內場催促。

在成人的世界裡，這樣的謊言比比皆是，每一天都被我們遇見，基本上涉及了世事的各個方面。有的無傷大雅，例如丈夫對妻子撒謊說「你看起來很漂亮」，還能增加彼此的感情；有的則會影響你的工作、生活；那些涉及商業的謊言和騙局，則往往造成難以估量的損失。僅在美國，每年因謊言欺詐導致的損失就多達 9970 億美元，佔全國 GDP 的 7%。再如安然、龐氏騙局、大眾汽車造假、次貸危機以前雙面特工、間諜，謊言能夠出賣國家，削弱安全，破壞民主制度。

在極端的情況下，謊言不但能造成巨大的經濟損失，還會奪走人的生命。二〇〇六年，中國河北就發生了企業在奶粉中違規添加三聚氰胺的案例，這一事件，至少造成了六名兒童死亡，數以萬計的兒童因此中毒，無數奶粉最後被迫從市場召回。

那麼，是不是因為經驗的緣故才使人們變得圓滑世故、慣於撒謊呢？我們都知道童話〈國王的新衣〉裡唯一敢說真話的是那個未經世事的孩子：

「天啊！皇上的新裝真是漂亮！他上衣下面的後裙是多麼美麗！這件衣服真合他的身材！」站在街上和窗子裡的人都說。

「可是他什麼衣服也沒有穿呀！」一個小孩子最後叫了出聲來。

「上帝啊，你聽這個天真的聲音！」

然而事實絕非你想像得那樣簡單。英國樸茨茅斯大學（University of Portsmouth）心理學教授瓦蘇．雷迪（Vasu Reddy）在對五十多名兒童調查研究後指出，六個月大至三歲間嬰幼兒採用的欺騙方法可分為七種。嬰兒很快就會發現，假哭與裝笑能夠引起注意。八個月大的嬰兒會運用難度更高的欺騙技巧，例如掩飾父母禁止的活動，或設法分散父母的注意力。兩歲的幼兒可能使用更迂迴的技巧，例如在父母準備施加薄懲時，虛張聲勢。雷迪表示：「假哭是最早出現的欺騙方法之一。即使一切正常，嬰兒也會以這種方法博取注意。他們會暫停，看看母親有無反應，再決定是否繼續假哭。這種現象顯示，他們能夠分辨什麼行為可以奏效。」

加拿大多倫多大學（University of Toronto）兒童研究所（Institute of Child Study）也曾經對一千兩百名從二歲到十七歲的未成年人進行了一次調查研究，結果發現：

在兩歲的幼兒中，有2%的人會撒謊；在三歲的孩子中，有50%的人會撒謊；在四歲的孩子中，近90%的人都會撒謊；而到了十二歲，幾乎所有的兒童都會撒謊。此外他們還發現，在十六歲的孩子中，撒謊的比例會降至70%。另外，隨著年齡的增長，孩子就能像成年人一樣運用「善意的謊言」來避免傷害他人；小時候撒謊的孩子並不代表長大後還會撒謊。

研究團隊認為，兒童的撒謊是其心理發展和智力發育表現出來的一種必然反應。因為在孩子的成長過程中，他們對誠實的理解和道德的認識並不全面、不完善，所以就會出現語言表述上的矛盾。多倫多大學兒童研究所的所長李康（Kang Lee）博士就表示：「家長無須過分地擔憂孩子的撒謊行為，因為這幾乎是所有兒童成長中的通病，是腦部快速發育的跡象，甚至是一種早慧的表現。孩子撒謊表明他們到達了成長中新的里程碑，有能力同時操控多項大腦處理信息的過程，所以就會編造出可信度更強的謊言。」

另外，調查還表明，未成年孩子的認知功能發展越健全，撒謊的技巧就越高明，因為他們有辦法去很好地自圓其說。因此，心理學家建議：家長們必須重視孩子八歲前的成長，因為此時屬於孩子的「木偶式撒謊（Pinocchio Peak）」的高峰期。從肢體語言上看，這一階段的孩子在撒謊時眼睛會向右或向左瞄，因為他們的謊言還需要通過大腦將謊言「物化」，八歲之後這一情況就不會再出現了。而在現實生活中，對於這一時期的孩子的撒謊行為，如果父母不能妥善、及時地處理或引導，就會錯過培養誠信的最佳期，這將會導致孩子出現心智發育上的偏差，甚至使之越陷越深。

四、男人女人，到底誰愛說謊？

二〇〇九年，為發行《別對我撒謊》（Lie To Me）造勢，美國福克斯廣播公司（Broadcasting Company）委託倫敦科學博物館（London Science Museum）在英國做了一次關於撒謊的調查。這項調查共有三千人參與。調查人員發現，英國男性平均每天撒三次謊，這樣算下來，一年撒謊在一〇九二次左右。相比而言，女性就比較誠實了，一年中不說真話的次數約為七二八次，也就是說，平均每天要比男性少撒一次謊。

男性謊言大多涉及自己的飲酒習慣。「我沒喝多少酒」也自然成了他們扯謊的口頭禪。或者，僅僅是為了偽裝自己，好讓自己顯得更加強大、更成功、更有地位。而對於女性來說，當她們試圖掩蓋真實感受時，經常會說「沒事，我很好」，她們說謊的目的無外乎顧及別人的感受或者希望對方對自己印象頗佳。

與男性不同的是，女性會經常為自己的謊言而懊悔。82％的女性參與者表示謊言會使自己良心受到譴責，而只有70%的男性會有這種良心不安的感覺。

當被問及是否會接受某些謊言時，84%的受調查者認為自己會接受。其中3/4的人表示，當撒謊的目的是為了不傷害自己時，這種謊言可以接受。而談及撒謊的技巧時，55%的人表示儘管女性撒謊次數少，但技巧無疑更勝一籌。

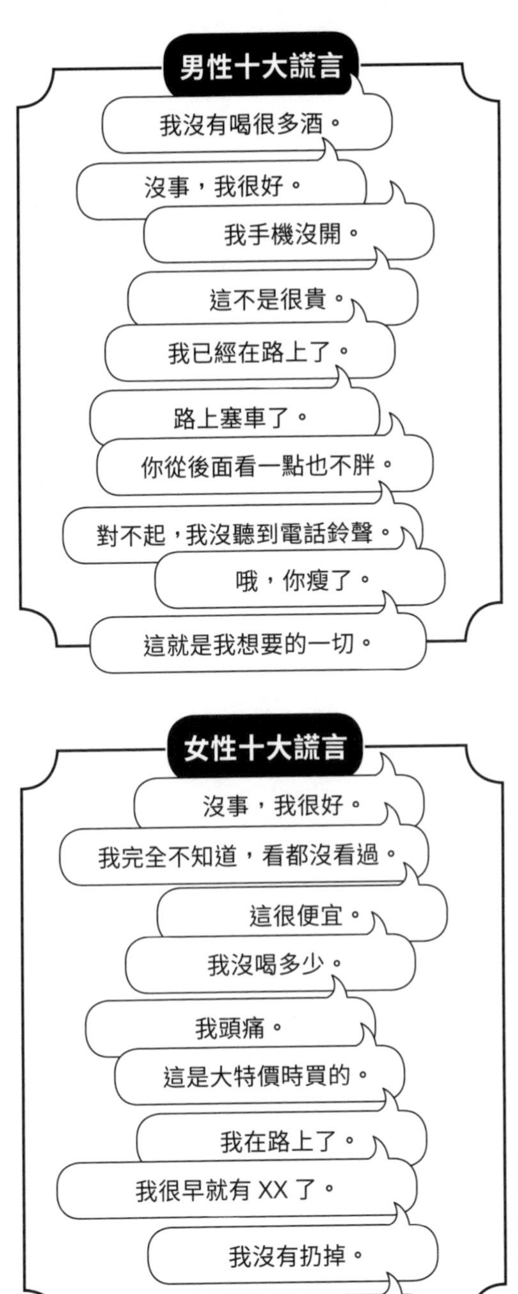

男性十大謊言
我沒有喝很多酒。
沒事，我很好。
我手機沒開。
這不是很貴。
我已經在路上了。
路上塞車了。
你從後面看一點也不胖。
對不起，我沒聽到電話鈴聲。
哦，你瘦了。
這就是我想要的一切。
女性十大謊言
沒事，我很好。
我完全不知道，看都沒看過。
這很便宜。
我沒喝多少。
我頭痛。
這是大特價時買的。
我在路上了。
我很早就有 XX 了。
我沒有扔掉。
這就是我一直想要的。

五、我們為什麼愛說謊？

世界是一個大舞台，
所有的男男女女不過是舞台上的演員；
他們都有上場的時候，也有下場的時候；
一個人一生中會扮演許多角色。

——威廉·莎士比亞（William Shakespeare）

從生物學的角度來看，欺騙是自然界最基本的現象之一。從病毒表層蛋白對人體免疫系統的欺騙到昆蟲的擬態，欺騙無處不在，即便是看起來挺老實的植物，也是氣度不凡的騙子。在寒冷的青藏高原上，有種植物叫西藏杓蘭（Cypripedium tibeticum King ex Rolfe），它的花瓣特別像蜜蜂的巢，因而經常讓路過的蜜蜂誤以為它是自己的巢穴，於是就往裡鑽，等發現上當後好不容易找到了出口，杓蘭已經把花粉灑落在蜜蜂的背上了，西藏杓蘭就是這樣傳粉的。

欺騙是生物為了更好地繁衍而進化出來的本領。

人類或許在演化的初始階段，就已經發展出說謊能力。實驗表明，猩猩等靈長類動物以及其他一些和人類基因相似度非常高的動物，已會做出蓄意的欺騙行為。最有名的要數舊金山動物園中的大猩猩可可（Koko）了，它在拆下了鐵製水槽的零件後，指著小貓咪用手語比劃告訴飼養員說，「那是貓幹的」。來自英國聖安德魯斯大學（University of St Andrews）的心理學家理查德．拜恩（Richardw Byrne）在研究中發現，某些猴子和猩猩完全可以為了自身利益而互相欺騙。比方說，為避免惹怒最強悍的頭領，公猩猩會偷偷地和母猩猩交配。有的猴子也會假裝對美味食物缺乏興致，以誤導其他猴子，它就可以乘其不備盜走食物。

自然界的說謊大都與生存息息相關，那麼作為高級動物的人呢？牛津大學生物學教授理查德．道金斯（Richard Dawkins）認為說謊是進化過程中形成的一種生存策略。他在《自私的基因》（The Selfish Gene）一書中解釋了人類這種基於自私的進化路徑：一開始說謊者處於有利位置，於是自然選擇的結果是說謊者的數目不斷增加。等到說謊者的數目佔了絕大多數，能夠迫使說謊者攤牌的個體又變得有利，於是說謊者的數目開始減少。最後，進化上的穩定策略是，每個人的臉部表情都不動聲色。

而社會心理學家則從另一個角度解釋了人們說謊的原因。說謊與身份維護、自我呈現和印像管理息息相關。歐文．戈夫曼（Erving Goffman）認為，我們日常社會生活中呈現的「自我」，多少都有表演性質。通常，人們會根據當下所處的環境，來調整自己的表現和表達方式，以塑造恰當的形象，獲得他人的情感支持，影響他人的偏好，贏得他人的贊同等等。這些目標的實現，對人們社會交往的順利進行具有重要意義。

戈夫曼在研究中發現，我們的日常活動很多都具有戲劇的特點，社會是一直在演出的戲劇舞台，每一個人都是社會生活舞台上的演員。自我每天都在表演。人們之間的互動就是各人表演「我」，不是表現真實的「我」，而是表現偽裝起來的「我」。表現偽裝起來的「我」，就是在他人面前故意演戲，戴著假面俱生活，顯示一種理想化的形象。表演者就是「戴著假面具的人」。這個「假面具」，是與文明社會公認的價值、規範、標準一致的角色臉孔。正如托馬斯看到的員工，老闆在時表現得會比老闆不在時更為忙碌、勤奮。在父母面前，一個調皮的孩子可能表現得比較老實本分。在《日常生活中的自我表現》（The Presentation of Self in Everyday Life）一書中，他舉了維拉德．沃勒（Villard Waller）發現的一個有趣例子：

據許多觀察者報導，在集體宿舍裡，一個被喊去接電話的女孩經常讓對方多撥打幾次，以便讓其他女孩有充分的機會去聽到有很多人在打電話找她。

戈夫曼說，人在社會化過程中，總有一種理想的傾向。當個體在他人面前表現自己時，他的表演總傾向於迎合併能體現在社會中得到被正式承認的價值，而實際上他的行為並不具備這種價值。當個體價值與扮演的角色無法匹配時，為了使表演能繼續進行下去，說謊和欺騙就產生了。一般而言，人們總傾向於表演一種比實際身份更高的地位。如過去蘇格蘭的地主家庭在宴會時，會端出讓人想起中世紀貴族生活的精美菜餚，但實際上他們的平時生活遠比招待客人時簡樸。然而事實上，由於種種原因，有時候人們會刻意隱瞞自己的財富、地位、能力，比如大蕭條時期，為了能從救濟機構那兒獲得好處，有人會刻意裝窮：

發展政策委員會的一位調查人員報告了一些很有趣的經歷。她是一位義大利人，但是她雪白的肌膚和金黃的頭髮，使她看上去簡直不是義大利人。她的主要工作是在聯邦緊急救濟署調查義大利家庭的情況。因為她看上去不像義大利人，所以經常能在無意中聽到一些義大利人的談話，了解真實的情況。比如，當她在客廳與家庭主婦交談時，她們往往會用義大利語把孩子叫出來與調查員見面，但會警告孩子一定要穿上破舊的鞋子。或者會聽到孩子的父母吩咐在臥室的孩子，必須在調查員進去之前把酒和食物藏起來。

戈夫曼把人生比喻成一場戲，自我往往會把與自己的理想化自我不一致的事實、活動、動機都隱瞞起來，好讓觀眾相信他所表現的就是他自己，儘管實際上並非如此。而觀眾也往往認為，呈現在眼前的一切就是表演者的一切。人的形象來自於他的自我塑造。也許，我們每個人眼中的自我正像心理學家威廉．詹姆斯（William James）在一篇文章中說的那樣：

> 實際上我們可以這樣說，一個人有多少個社會自我，這取決於他關心多少個不同群體的看法，通常面對不同的群體，他都會表現出自我中某個特殊的方面。許多青年人在父母和老師面前顯得謙恭拘謹，而在他們「粗魯」的年輕朋友中，卻會像海盜一樣咒罵和吹牛。我們在子女面前的形象當然不同於在俱樂部夥伴面前的形象，我們在顧客面前的形象不同於在僱工面前的形象，我們在親朋好友面前的形象 也不同於在上司和老闆面前的形象。

六、並不是所有的謊言都需要揭穿

關於謊言的一個真相是，儘管謊言無處不在，但這並不意味著我們有權利戳穿每一個謊言，除非它已造成了重大損失。事實上，儘管我們討厭欺騙，但有時卻身不由己、言不由衷。欺騙他人是日常社交的組成部分，甚至有時候我們還十分喜歡謊言，比如「見到你真高興」、「你今天看起來很漂亮」、「你又瘦了」之類。要是這樣的言辭都吝於講述，你要不是無趣不然就是一個情商很低的人。對此，陀思妥耶夫斯基（Fyodor Mikhailovich Dostoevsky）不無刻薄地說，「只有那些缺乏機智的人才講真話」。馬克・吐溫說：「沒人能夠忍受與慣於坦率直言的人生活在一起，不過謝天謝地，我們誰都不必非得如此。」

有些謊言則充滿了溫暖的人道主義。由沃夫岡・貝克（Wolfgang Becker）導演的《再見列寧》（Good Bye，Lenin！）是一部關於謊言的電影。阿歷克斯（Alex）為了保護臥病在床的母親克里斯蒂娜，隱瞞了柏林牆已經倒塌的事實，盡力演出著一場民主德國繁榮昌盛的鬧劇，從食品到服飾，甚至偽造電視新聞，儘管外面早已是另一番世界了。影片的末尾，阿歷克斯編造了最後的謊言：在一九九〇年的東德國慶日（十月七日），東德主席換成了西格蒙德．雅恩[9]（Sigmund Werner Paul Jähn），發表了改革的演講並宣布開放東西德的邊界，邁向了東德統一西德的步伐，窗外放起了慶祝的煙花。然而實際上那天是一九九〇年的十月三日，兩德在這一天正式統一。

但是克里斯蒂娜在觀看阿歷克斯為她錄製的這則假新聞時，並沒有註意那條新聞是什麼，只是意味深長地凝視著兒子的背影。其實，阿歷克斯的女友羅拉早已偷偷地告訴了她真相，克里斯蒂娜在震驚之餘並沒有向兒子捅破這層窗戶紙，在深情地註視著兒子的背影中闔然而逝。情節發展到這裡，被欺騙者變成了欺騙者。如果這時我們戳開阿歷克斯的謊言，不僅大煞風景而且無味之極，甚至未免欺人太甚。

這是一個寒冷的夜晚，魯茲太太正打算關上她的店門。突然，有個年輕人闖了進來，遞上五十美元，說要一份熱狗和一杯牛奶。在接過那張鈔票的一瞬間，魯茲太太就斷定那是張假鈔。她瞟了年輕人一眼，年輕人低垂著頭，一副窮困潦倒的模樣。魯茲太太不動聲色地問道：「能換一張嗎？」

9 《再見列寧》中，西格蒙德．雅恩的人物原型是西格蒙德．維爾納．保羅．雅恩，東德空軍少將，因參加蘇聯的「國際宇宙計劃」，成了德意志民族的第一個航天員。二〇〇一年，小行星 17737 以他的名字被命名「西格蒙德．雅恩」。

年輕人開始緊張慌亂起來，頭垂得很低，他囁嚅了半天說：「沒有，太太，我……我很想要一份熱狗，我一整天沒有吃東西了。」魯茲太太覺得這是一個還沒有完全喪失羞恥感的孩子，對於這樣的孩子，也許一塊麵包的溫暖遠比一聲呵斥更有震撼力。想到這兒，魯茲太太不再遲疑，馬上找零錢。

在年輕人轉身離開的瞬間，魯茲太太忽然大叫一聲，手摀著胸口踉蹌了幾下。年輕人嚇壞了，趕緊上前扶著老人。「快！」魯茲太太把那五十美元的假鈔塞到年輕人手裡，「到對面的診所買藥，就說魯茲太太病了。」

年輕人走後，魯茲太太快速地抓起電話，打到那個診所，那是她弟弟開的。魯茲太太在電話裡說：「如果有個年輕人來給我買藥，給他三四十美元的藥好了，另外，他手裡有一張五十美元的假鈔。」放下電話，魯茲太太默默地禱告著，如果他真是個富有愛心和責任感的孩子，他就一定會回來。一會兒，診所的電話打過來了，告訴魯茲太太，年輕人已經拿著藥走了，沒有用假鈔。魯茲太太長吁了一口氣，慶幸自己沒有看走眼。

那個夜晚，年輕人不離左右地陪伴著「病中」的魯茲太太。天亮後，魯茲太太感激年輕人「救」了自己，竭力挽留要離開的年輕人，請他幫忙照看幾天店。

幾年過去了，那個小店變成了超市，超市又有了分店，而那個年輕人就是靠零售業發跡的零售大王懷特。

七、你是個善於撒謊的陰謀家嗎？

尼可羅．馬基維利（Niccolo Machiavelli）是義大利文藝復興時期的政治哲學家，他的著作《君主論》（The Prince）完全拋棄了信任、榮譽、正直、公義等傳統價值，為了獲得和保持權力，統治者可以採用任何操縱手段，他在書中寫道：「人是如此簡單，如此熱衷於滿足眼前的需要，因而欺騙者從來不會缺少受害者。」馬基維利主義（Machiavellianism）也因此成為形容一個人有計謀、善籌劃、工算計、好欺騙，除了自己誰也不相信的代名詞。

心理學研究發現，在社會交往中具有操控性格特質的人往往是馬基維利主義者。克里斯蒂和吉斯（Christie&Geis）認為，《君主論》這部政治學著作可能涉及了一種重要的人格類型，因此據此設計了一份自我量表來檢測人格中的馬基維利主義的個體差異，這個量表被稱為馬基維利主義量表（Maehiavellianism Scale）。該量表有二十個項目，包括三方面內容：一是社會交往技巧，二是對於人性的看法，三是抽像或一般的道德。題目分為正向和反向的陳述，要求被試者從三種情況，即「完全同意」、「完全不同意」及「中間」中做出選擇。將每個項目累加後要加上係數二十為量表分：

下面有一些陳述，每一陳述代表一種觀點，答案沒有正確或錯誤之分，你可能不同意其中的某些觀點，但同意另一些觀點，我們感興趣的是你對這些觀點同意或不同意的程度。仔細閱讀每一陳述，然後在每一陳述的前面標出你同意或不同意的程度。不同數值有不同的含義：**完全同意，請選+3；部分同意，請選+2；略微同意，請選+1；略微不同意，請選-1；部分不同意，請選-2；完全不同意，請選-3**。

第一印象往往最為恰當，閱讀每一陳述，決定自己同意還是不同意以及同意或不同意的程度，然後在該陳述前面標出相應的數值。對每一陳述都要發表你的見解。

- **決不要告訴任何人你做某事的真正原因，除非你另有目的。**
- **與人相處的最好方法是說出他們想知道的事。**
- **只有確信符合道德時才能採取行動。**

◆多數人基本上是好的和善良的。

◆最安全的處世原則是假定所有人均有邪惡的一面，如有機會人們的邪惡就會暴露出來。

◆在任何情況下誠實均為上策。

◆沒有任何理由對別人撒謊。

◆一般來說，沒有壓力人們是不會努力工作的。

◆總而言之，地位卑微和誠實優於地位顯赫和欺騙。

◆當你求別人幫忙時，最好告之以真正的理由而不是編造更有說服力的理由。

◆世界上成功的人大多過著清白和道德的生活。

◆完全信任別人等於自討苦吃。

◆犯人與一般人的最大區別在於他們由於愚蠢而被抓住。

◆多數人是勇敢的。

◆奉承大人物是明智的做法。

◆在各方面都優秀是可能達到的。

◆「每分鐘都有傻瓜降生」的說法是不對的。

◆**不走捷徑就很難成功。**

◆**患不治之症的人應該有權利選擇無痛苦的死亡。**

◆**多數人能輕易忘記父親的亡故，卻不容易忘記財產的損失。**

在這個量表中得分高的人通常認為自己是強硬、現實的，被稱作高馬基維利主義者，他們覺得大多數人太天真，難以在社會中存活。研究發現，高馬基維利主義者不僅容易撒謊，更可能背叛他人，而且有證據顯示，他們還編造了更多可信的謊言。例如在戀愛時，高馬基維利主義者可能做出愛對方的假象，以期與對方發生性行為，比如當「我希望與其發生性關係時，我會說『我愛你』，但實際上我不是這個意思。」

高馬基維利主義可能不是最吸引人的個性特質，但是它廣泛存在於那些為了生存玩弄手段、投機取巧的人中間，也可能獲得更多的利益。例如，一個幼稚、輕信他人的政治家是不會長久的，馬基維利主義的政治家最有可能會成為一把手。但是，由於背叛、說謊、欺騙，可能會遭到被利用者的報復（我們會在第七章裡談到這個策略），高馬基維利主義也可能因此付出沉重的代價。

第二章
認識謊言

一、何謂謊言？

截至目前，這本探討說謊的書還沒有給謊言一個確切的定義。當我說「你在說謊」，這是什麼意思？是說你在騙人嗎？騙我還是騙你自己？謊言與謊言之間有區別嗎？細心的讀者會發現，我們在上一章的結束，探討了不同的謊言之間存在著差異，即人們並不是對所有的謊言充滿反感和憤怒，有時明知道是謊言我們可能反而更喜歡，甚至必要的時候我們會情不自禁地說謊，特別是當說謊並非利己的情況下。這是不是意味著說謊是值得鼓勵的行為呢？那麼法庭上的辯護律師可以因此而說謊替當事人開脫嗎？

關於說謊（lie），《牛津英語詞典》（OUP）

是這樣界定的：To lie is to hold something which one knows it is not the whole truth to be the whole truth，intentionally.

這裡面有三層意思：

- **知道真相**；
- **特定目的**（**即控制真相**）；
- **故意誤導不告訴真相**。

在這裡，說謊的關鍵詞為有意，誤導，不真實或者不是真實的全部，虛假，隱瞞的言語行為。按照這種定義，我們可能把一些不存在目的性的禮貌性敬辭如「見到你很高興」之類排除在外。

保羅·艾克曼（Paul Ekman）是加利福尼亞大學（University of California）醫學院的心理學教授，是一名研究說謊的權威，曾擔任《別對我說謊》（Lie to Me）的顧問，他的說謊研究是這個廣受吹捧的電視劇的理論思想來源，故事主角的身份和經歷也和艾克曼教授相像。在《謊言》（Telling lies）一書中，他給謊言（lie）下的定義是：「**存心誤導別人的有意行為，事先未透露其目的，並且對方並沒有要求被誤導。**」即說謊是一種有意選擇的行為，簡而言之，說謊就是故意誤導、欺騙別人接受錯誤信息的行為。也就說，只有當一個人能夠選擇不說謊但他卻說謊時，說謊才算是真正意義上的說謊。

所謂謊言，就是與事實相反的言辭。撒謊者試圖**將「不存在的事實」令聽者信服「這是真實存在的」**，如大人對兒童撒謊說聖誕老人每年都會給小朋友們送禮物；同事說這個簡報他本來做好了，只是昨晚突然停電，沒有保存，檔案丟失了」；獨裁者對外宣稱，自己是唯一合法的代表，是至高無上的真理化身。

或者「**將真實存在的事情說成是不存在的**」，如醫生對進入癌症晚期的病人隱瞞了病情；貪官對公眾說自己是無產階級，沒有來歷不明的財產等等。撒謊者以此來存心誤導別人的行為和判斷，而對於被騙者來說，在允許的情況下，沒有人希望自己被人誤導。

然而並非所有不實的話都是謊言，只有造成有意誤導的不實之話才是謊言。我們所說的很多話都與事實不符，但它們通常不夠圓滑而且無害。記憶是一種虛無易逝的東西，當我們回憶往事時，想起的常常不是事件真相，而是腦海中所想到的模樣。事情的正確性因此隨之減弱，而想像力在潛意識中就會彌補記憶力消退後遺失的細節。

銀行搶劫案的目擊者在回答警方的問訊時，對涉案搶匪及其犯罪手法的描述有時會互相矛盾。幾個月後，目擊者在法庭上所做的描述和在案發現場的描述又有不同，其差異性讓人驚訝。但事實上沒有任何人說謊——目擊者也是人，他們都被記憶力欺騙了。美國有一項針對四十起由ＤＮＡ檢測洗刷嫌犯罪名的案例研究表明，先前這些嫌犯都被誤判定罪了。該研究指出，其中有90%的誤判是目擊者指認錯誤造成的。其中一起案件，多達五名目擊者確認被告犯罪，但ＤＮＡ檢測最終證明他是清白的。此外，還有一項研究了五百個遭錯誤定罪的案例後得出的推斷結論指出，有60%的誤判都和目擊者指認錯誤有關。在模擬相關判案過程的科學試驗中，只有34%到48%的案例獲得正確的指認。目擊者很有可能會扭曲事實，而並非還原真相。

在某種意義上講，說謊即意味著欺騙，在本書的絕大部分語境裡，說謊和欺騙二者是個可以互換的。當我說你在說謊時，通常意義上是指：「你欺騙了我或者是你欺騙了我和你自己。」

二、謊言的產生：一個語言學分析

謊言是關於言語的行動行為。人們說話的目的不僅僅是為說話，當他說一句話的同時可以實施一個行為。這在語言學上被稱之為言語行為理論（speechacttheory），它是英國哲學家奧斯汀（J．L．Aus）在十九世紀五〇年代首先提出的。言語行為理論的基本出發點是：人類語言交際的基本單位不應是詞、句子或其他語言形式，而應是人們用詞或句子所完成的行為。後來他的學生約翰．R．塞爾（John Rogers Searle）發展了奧斯汀的理論，對此又做了進一步的探討。他把言語行為理論對孤立的話語意義的研究提升到對人類交際的研究。塞爾認為，講一句話就意味著執行某種言語行為，而要使這些言語行為成為可能，必須遵循一定的規則。這些規則區分為調節規則（regulative rules）和構成規則（constitutive rules），前者對言語行為進行一定協調，後者則是言語行為成立的充分必要條件。要想成功地實施某一言語行為，除了一般的輸入和輸出條件外，必須滿足以下四個條件：

◆根本條件（essentialconditions）：說話者打算通過說出一個語句，使他承擔實施某一行為的義務；

◆命題內容條件（contentconditions）：說話者在說出一個語句時表達了一個命題，在表達命題時，說話者斷定了自己將來的行為；

◆準備條件（preparatoryconditions）：①聽話者願意為說話者實施某一行為，並且說話者相信他所要做的事是符合聽話人的利益的，但這件事並非是他經常做的；②講話者在事情的正常進程中將去實施某一行為，這對講話者和聽話者來說都是不明顯的。

◆真誠條件（sincerity conditions）：說話者打算從事某一行為。

在這四個條件中，第四個條件具有構成規則的範式，而第一到第三條件則與調節規則相對應。

以奧斯汀．塞爾為代表的關於言語行為理論研究的意義在於，它把語言哲學研究從以句子本身的結構為重點轉向句子表達的意義、意圖和社會功能。以語言交際為特點的社會交往的語言學秘密就這樣被打開了。現在，讓我們按照塞爾的理論分析一下說謊的特點：

(1) 根本條件：

說話人試圖讓受話人相信自己的謊言是真實的，是具有欺騙意圖的行為。言語行為都有其目的性，而說謊這一言語行為的目的就是讓受話對象相信說話人謊言的真實性，以達到利己、利他或者其他目的。

一九九八年八月十七日晚，華盛頓。夜色中的白宮燈火通明。十點整，總統克林頓（William Jefferson Clinton）面色沉重地向全國發表電視講話，就自己在陸文斯基（Monica Lewinsky）性醜聞案中誤導美國人民而向全國人民道歉，並對所發生的事情負全部責任，同時希望國人能轉移注意力，去面對下個世紀的挑戰和機遇。

克林頓星期一晚上的全國電視講話事關其執政地位。在白宮地圖室發表的約五分鐘的講話中，他說：「我確實與陸文斯基女士有不正當的關係。事實上，這種關係是錯誤的。對我來說，這是一個重大的判斷失誤和個人的失敗，對此，我個人負全部的責任。」不過克林頓否認唆使他人作偽證或阻礙司法調查，他說：「我從未要任何人說謊、隱瞞或銷毀證據，或有其他不法行為。」「我知道我（過去）有關此問題的公開講話及沉默讓人產生了虛假的印象。我誤導了人們，甚至包括我妻子。我對此深感遺憾。」

克林頓解釋說，他之所以那樣做，首先是想避免自己出醜；二是想保護自己的家庭；三是認為在葆拉-瓊斯案背後有政治動機；四是獨立檢察官當初是調查白水案，在一無所獲之後，開始調查他的私生活。

儘管克林頓一再解釋他沒有在法官面前說謊以及妨礙司法調查，但在陸文斯基這一問題上，他的言語行動具有欺騙意圖和性質。他之所以選擇說謊是因為他想通過說謊這一行為來掩蓋事實真相，達到保住地位和家庭的目的。

(2) 命題內容條件：

說話人言及的內容含有虛假或者不完整的信息。說謊者陳述信息的行為造成了說謊這一行動的發生。

一九九四年，當時才二十二歲的南卡羅萊納州的蘇珊·史密斯（Susan Smith）宣稱一個黑人綁架了她的兩個孩子——三歲的邁克爾和十四個月大的亞歷克斯。她在接受記者採訪時，說得非常傷心，一再說：「不知道是什麼人把我那麼可愛的孩子帶走了。」

然而，警方還是在調查中發現了很多疑點，最後，史密斯不得不承認她虛構了整個綁架故事。原來，那輛汽車是被她自己故意開進了湖裡，而她的兩個兒子被她綁在座位上。

面對記者的採訪，蘇珊．史密斯有意迴避了事實，而用「不知道是什麼人」代替「孩子去了哪裡」之類的話，把問題從自身引開了。

說謊具有兩種導向，「自我導向」和「他人導向」。通常善意的謊言是具有雙重導向的，如「我非常喜歡你送的這件禮物」，即便受施者並不喜歡，但這樣說既可以讓實施者感到高興，也可以讓受施者避免尷尬。

因此，說謊的這種特定性，便注定了說謊的內容存在著很大的不確定性，既可以是部分事實，也可以是說話人關於所談事實的不真實看法，甚至可以是跟說話人和受話人不相關的內容。但不論內容怎麼紛繁蕪雜，有一點是不變的，那就是說話人陳述的事實是虛假的。

(3) 準備條件：

說謊這一語言行為，必須具備一定的準備條件。試分頭述之：

◆聽話者願意相信說話者陳述的事實，換而言之，說謊必須有欺騙對象，不然說謊只能是自欺欺人的單向度行為而已（自欺不在本書討論範圍之列）。這是說謊的一個基本前提，也就說，說謊是發生兩個或兩個以上對象之間的行為，而且聽話者和說話者之間存在著一定程度的信任關係，因此說謊才能進行下去。

◆說話人有事實需要對受話人隱瞞。這是說謊的必要條件。如果說話者和聽話者之間不存在著信息盲點，說謊這一行為也就不必發生了。而如果說話者認為說話者所掌握的事實沒必要向聽話者隱瞞，那說謊也不會發生。

◆說話人認為自己掌握的事實是受話人不知道或者不了解的。說謊是一種故意誤導的行為，說謊者如果不想被識破，他必須預設：說謊所涉及的事實不為聽話人所知。如果說話人認為所說的事實已為聽話人所知，說謊就會自動中止。不然，說謊也沒必要和意義了，況且還要承擔著隨時可能被揭穿的風險呢。

◆說話人認為受話人會相信自己的話。說謊者之所以選擇說謊，是因為說謊者希望聽話人相信自己說的話，並且說話人認為他所說的話在聽話人看來是符合聽話人的利益的。這是說話人說謊的目的。

◆在事態的自然發展中，說話人如果不說謊，那麼說話人和聽話人都不清楚說話人接下來會不會說謊。也就是說，如果說謊的目的和情境暫時消失了，比如說話人認為他將要陳述的事實已為聽話人所知，那麼說話人便不可能說了。如果說話者不說，說話人和聽話人都不清楚說話人會不會說謊。

事實上每一個人，在說謊之前也是有個適當的心理評估的。說話人對謊言的認同度、說話人的心理狀態是否會受說謊的行為所影響從而導致身體表面的異常、說話人對受話人的觀感態度等等，都影響了說話人對說謊與否的決定。

(3) 真誠條件：

說話人真心希望受話人相信自己所說的不是謊言。這對所有的說謊者來說，都是相同的。無論是股票交易員、戰爭狂人、臭名昭彰的罪犯，還是朋友之間、愛人之間、父母之間，我們一旦說出謊言，即真誠地希望，他們能夠相信我們說的話。說謊是人際交往中，雙方對信息佔有的博弈。我們會不會說謊不在於這個謊言本身有多重要，而在於說話人認為謊言被受話人所知道後反饋給自己的影響有多大。影響越大，說謊的行為也就越慎重，越要確保萬無一失。

三、謊言的協作：以〈國王的新衣〉為例

從前有一個國王，非常喜歡華美的衣服，他既不關心軍隊，也不喜歡演出，也不喜歡坐駟馬高駒外出遊玩——除非是為了炫耀一下新衣服。

一天，王國來了兩個騙子，他們聲稱能織出世界上最美的布。這種布不僅色彩和圖案都分外美觀，而且縫出來的衣服還有一種奇怪的特性：「任何不稱職的人或者愚蠢的人，都看不見這件衣服。」

「那真是理想的衣服！」國王聽說後心裡想，「我穿了這樣的衣服，就可以看出在我的王國裡哪些人不稱職；我就可以辨別出哪些是聰明人，哪些是蠢蛋。」於是他找來了這

兩個騙子，給了大量的珠寶錢財，請求他們馬上開始為他織布做衣。

接受國王的預訂後，騙子們擺出了兩架織布機，裝作是在工作的樣子，可是織布機上連一點東西的影子也沒有。他們不斷地索取錢財，卻什麼也不做，只讓織布機空轉著。先後被派去查看進度的兩位誠實官員都看不見這件衣服，然而為了掩蓋自己的「愚昧」，他們都對皇帝撒了謊。後來，國王選了一群特別信得過的官員隨他前往查看，可是他們什麼也沒有看到。然而基於和先前兩位官員同樣的理由，國王也聲稱衣服華美精緻，最後還穿著這件看不見的「衣服」上街遊行，直到一位兒童指出：「他什麼也沒穿啊！」國王這才意識到，自己可能受到了騙子的愚弄，但「我必須把這遊行大典舉行完畢」，於是他擺出了一副更驕傲的神氣，穿著並不存在的衣服在百姓的竊竊私語中繼續走了下去。

這是十九世紀的丹麥作家安徒生（Hans Christian Andersen）寫的童話〈國王的新衣〉（The Emperor's New Clothes）。在故事中，傲慢而又城府極深的國王，虛偽愚蠢的大臣，巧舌如簧、精明透頂的騙子和人云亦云的市民，他們先後粉墨登場，共同表演了這場鬧劇。雖然這只是一篇虛構的童話故事，但指向的卻是現實的成人世界：我們彼此依賴，卻又互相欺騙，世界像一張巨大的網，把每個人都編織在一起。

〈國王的新衣〉是一個關於謊言的故事。除了那個天真的孩子，騙子、國王、大臣和公眾，所有的人都在說謊，既欺騙自己，又欺騙他人。為什麼一個如此簡單、明眼人一眼就能看穿的騙局卻沒人願意揭穿呢？直到由一個不諳世事的孩子道破，麻木的公眾才漸漸覺醒。到底是什麼讓人心迷失在謊言裡了呢？換而言之，騙局是怎麼維持下去的呢？

在這個故事中，安徒生首先敘述了國王的唯一喜好是迷戀華服，這為行騙得逞創造了外部條件，為騙子打開國王的「需求缺口」埋下了伏筆——個體需要無法滿足會導致人的痛苦，特別喜歡一件東西而無法滿足時，渾身就像長滿了快要好的瘡一樣，癢得人無法忍受，不得不摳抓。要想消除這種痛苦，必須將「缺口」填滿。而這正是一個人的阿基里斯的腳後跟（Achilles' Heel）：如果我們知道一個人想要什麼，我們就知道如何打開他的「缺口」。但是這還不足以讓國王完全上當，還需要有深層次的動機維繫騙局進行下去。雖然國王熱戀新衣，但是他渴求這件衣服的最根本驅動力卻是如何簡單有效地治理臣民：「穿了這樣的衣服，就可以看出我的王國裡哪些人不稱職；我就可以辨別出哪些人是聰明人，哪些人是傻子。」如此他就能輕而易舉地享有最高權威，卻不必過度地為國操勞了。如果國王沒有強烈的渴望，即便騙術再高明，也無法繼續表演下去。

欺騙是一種相互配合的互動行為。如果沒有他人的允許，欺騙就不會發生和完成。為了檢查生產進度和驗證騙子言語可信度，國王先後派出了忠心耿耿的老大臣以及另一位誠實的官員前去查看，得到了確信的匯報後，國王又親自率領大臣們查看了一番。如果大臣們、國王及時中止了互動，發現這是個並不存在的事實，謊言到這裡就被揭穿了。

但是，騙子的高明之處就在這裡，在開始之初，他們就設置了必要條件：「任何不稱職的或者愚蠢的人，都看不見這衣服。」我們可以由此引出以下推論：

凡是看見布料的，都是聰明的、稱職的。

凡是看不見布料的，都是愚蠢的、不稱職的。

那麼：

如果我看不見，我就是愚蠢的或者不稱職的。

我不想被人知道我是愚蠢的或者不稱職的。

因此，我必須看見。

試想：誰願意承認自己是愚蠢的或者不稱職的呢？前者會導致道德上、名譽上的喪失，後者則會引起經濟和地位的喪失。揭穿真相的成本是如此之大，無怪乎無論是德高望重的大臣，還是誠實的官員，或者小心翼翼的國王本人，都要違心地承認自己看得見那看不見的、且不存在的存在。

最後，真相被一個無意的「闖入者」——天真的孩子——揭穿了，國王意識到了新裝的不存在，而且也從公眾那裡得到了確認：「他似乎覺得老百姓所講的話是對的。」那麼，他會公開承認自己對這件事的錯誤判斷嗎？他和他的內閣官員們會為他們所犯的荒唐錯誤而集體向民眾公開道歉嗎？就一般情況而言，謊言被戳穿之後，就失去了存在的必要，然而荒唐的是，這個騙局還在繼續表演下去，國王想：「我必須把這遊行大典舉行完畢。」因此，他擺出了一副更驕傲的神氣。在這裡，弔詭的是，國王從最初的受害者變成了共謀者——乃因這件是它涉及權力機制的運作——在國王的邏輯裡，「無論對錯，朕所言即是真理」。所以即便國王錯了，他也要在公眾面前維持一貫的高大的形象。

為了保持自我的尊嚴，人們需要維持社會的同一性。所謂社會同一性是指一個人在他人面前展示的自我，也就是別人眼中我們的樣子。對於你是誰，不僅包括你的個人認知，而且還包括他人對你的認知：你的身份、地位、民族、性別等等——你是誰意味著你不是誰，你是詹姆斯所以不是歐巴馬。人的社會同一性是具有連續性的。日復一日，年復一年，人們都會認為你是同一個人。

當我們是大團體中一部分時，我們往往不會意識到自我身份的存在，比如我是白人佔大多數的學校中的一名白人時，我可能不會想到我的身份屬性。但是當我們屬於某個大團體中的某個小團體的時候，我們就會經常意識到自己的族群了，比如我是白人佔大多數的學校中的亞裔人士，我就會敏感地意識到我與他人的不同了，因此就會對外部做出特有的反應。

重新界定同一性可能會讓人產生心理上的焦慮。心理學家艾瑞克·埃里克森（Erik Erikson）敏銳地意識到這一現象的存在。他在研究中發現，人在重新認識自我、認識自己的社會地位和作用的時候，自我意識會出現混亂，突出地表現為情感障礙，他把這種現象命名為同一性危機。如人在遭遇離婚、工作變遷、進入一個新的環境、一貫的形象突然改變之後等等，都會造成性格上的變異，對一個缺乏確定內在感的人來說更是如此。

在安徒生的故事中，作為佔少數部分統治集團中的一員——而且此人還是集團的領袖

——他對自我身份認同的敏感性可想而知，尤其是當他一貫正確的權威形象受到挑戰時，他內心的焦灼絕非他人所能想像，他怎麼能允許別人破壞他的社會同一性呢？「我是國王，我怎麼會錯！？即便錯了，我也可以定義對錯。」國王思忖道，「我必須把這遊行大典舉行完畢。」

四、說謊的動機

(1)《十二怒漢》

《十二怒漢》（12 Angry Men）是由米高梅公司製作的一部黑白電影，在一九五七年上映。影片講述了一個在貧民窟中長大的男孩被指控謀殺生父，擔任這個案子陪審團的十二個人要在案件結案前做出裁決，他們集體表決的結果將直接導致法官判定這個孩子是否有罪。

這十二個人各有自己的職業與生活，他們當中有巧舌如簧的廣告商、仗義執言的工程師、毫無見地的富家子、歧視平民的新貴族、性情暴躁的老警察、精明冷靜的銀行家、視時間如生命的推銷員。每個人都有自己思考和說話的方式，但是除了亨利．方達（Henry Fonda）扮演的工程師之外，其餘的人都對男孩的生死無動於衷，在還未進行討論之前，就認定男孩是謀殺父親的兇手。

在這個案件中，證明男孩殺死父親的證據可分為三點：一是對面的女人看到了兇殺案發生的情形；二是附近的跛腳老人聽到男孩和父親爭吵，還說「我要殺死你」，之後就听到有人摔倒的聲音，隨後就看到男孩從房間跑出來；第三個證據是，在案件發生之前，男孩在社區的商店買了一把比較奇特的折疊刀，老闆說店裡就只有這一把了，並且這把刀跟兇案現場留下來的凶器一模一樣。而證明男孩無罪的證據就只有男孩自己的陳述，他說自己在案發時正在電影院裡看電影。

一切證據都顯示男孩是有罪的，大家覺得似乎毫無討論的必要。但第一次的表決結果是十一對一認為男孩有罪，按照法律程序，陪審團成員必須意見一致，也就是十二對零的表決結果才會被法庭所採納。

在一開始其他人都認為被告有罪時，只有8號戴斯發出了質疑，將討論由本來預計五分鐘就解決的事拖延了一個小時，而動機只是他認為僅僅五分鐘就決定一個孩子的生死不可接受，必須要先談一談。其實在一開始，戴維並沒有什麼充分的理由來推斷男孩無罪，疑問都是一點一點地在討論過程中不斷被發現、被放大的，讓我們來看看關於老人的證詞是如何被戴維證偽的：

1號：好了，大家坐下吧。

2號：看來我們得留在這裡吃晚餐。

1號：好了，快點來談正事，誰想第一個發言？

3號：我有話要說。

1號：請說。

3號：聽著，（起立）住在兇案現場樓下的老頭，說他聽到那孩子大叫著「我要殺了你」，一秒後他聽到有人摔倒的聲音；他跑到門口，看到那孩子奪門而出。你們想到了什麼呢？（8號至台中）

8號：（站著）隔了一層天花板，他能聽得多清楚呢？

3號：他並非透過天花板聽到爭吵聲，那時窗戶是打開的。

8號：要聽清楚對方的聲音並不容易。

3號：他在庭上指認出那孩子的聲音。

12號：別忘了住在對街的女士，她看到那孩子拿刀刺死他父親。難道對你來說這還不夠嗎？

8號：的確是不夠。

7號：（起立掛衣服）這簡直就是在對牛彈琴。

4號：她是透過電車的車窗，看到兇案發生的經過。電車一共有六節車廂，她透過最後兩節車廂目睹兇案經過。她記得所有的細節，那是毋庸置疑的證據。

8號：（往小號區移動）你們曾經想過電車要花多少時間才能完全通過某一點嗎？

4號：我不知道。

8號：（對5號）你覺得呢？

5號：我不知道，或許十到十二秒吧。

8號：（轉）很不錯，其他人呢？

1號：他說得有道理。

10號：我們為什麼要玩猜謎遊戲？

8號：（轉，對2號）你覺得呢？

2號：十秒鐘吧。

4號：好吧，假設真的是十秒鐘。你想表達什麼呢？

8號：有六節車廂的電車，要花十秒鐘才能通過某一個點。假設那一點就是發生兇案的房間窗口。在那裡一伸手，幾乎就可以摸到鐵軌。我要問你們一個問題：你們之中有人曾住在鐵軌旁邊嗎？

6號：我剛油漆完一間可以俯視電車線的公寓。

8號：那是什麼樣的感覺呢？

6號：你是什麼意思？

8號：很吵嗎？

6號：天啊。那不重要，因為大家都昏沉沉的。

8號：（台前）我曾經住在電車線附近，只要有電車通過，噪音大到令人難以忍受，甚至吵得你無法思考。

12號：請你說重點。

8號：我會的，稍安勿躁。請回想一下兩個證人的證詞，把它們拼湊在一起：首先是住在樓下公寓的老人，他聽到那孩子說「我要殺了你」，一秒後他聽到有人摔倒在地的聲音。一秒是嗎？

2號：沒錯。

8號：第二點，那女人發誓說，當她從窗戶往外看時，她透過電車最後兩節車廂看到兇案發生的經過。

3號：你到底想說什麼？

8號：等一下，我們都同意電車得花十秒鐘才能完全通過某一點，或者說每節車廂大概要花兩秒。那女人是透過最後兩節車廂看到兇案發生的經過，我們可以據此推測死者倒地前電車至少用了六秒通過老人的窗口；老人說他聽到被告說「我要殺了你」，一秒後聽到有人跌在地上；他聽到那孩子說話的同時，電車剛好轟隆隆地經過他家窗口，他不可能聽得到男孩說話的聲音。

3號：他真的聽到了。

8號：你相信他的說法？

3號：他說那孩子是扯著喉嚨大叫。

8號：當時剛好有電車通過，他不可能認得出那孩子的聲音。

3號：（起身，大吼）這是在幾秒內發生的事，沒有人可以測量得那麼準確。

8號：我認為能送那孩子上電椅的證詞，必須非常準確才行。

5號：（對6）我認為他根本就聽不出來。

6號：（對5）或許那麼吵他真的聽不出來。

3號：（對5號）你在胡說什麼？

5號：他的確可能會聽不清楚。

3號：他為什麼要說謊？

9號：或許是想引起別人的注意。

3號：你既然想出這麼多理論，把它們賣給報社吧，一份稿費是三塊錢。

6號：（起身）你為什麼要那樣子對他說話？會那樣跟老人說話的人，應該要受到譴責。你得學著去尊敬別人，先生。你敢再那樣子跟他說話，我一定會給你好看。（對

9號說）好了，你想說什麼就說吧。你覺得那個老人為什麼要說謊呢？

9號：我在法庭上，一直盯著他看。他穿的外套在肩膀的部分裂開了，你們注意到了嗎？我是說他上法庭卻穿成那個樣子；他是個穿著破外套的老頭子，而且他走上證人席的步伐緩慢，他的左腳一跛一跛的卻努力地想要掩飾它，因為他覺得自己很丟臉。我認為我比你們任何一個人，都了解那個老頭子。他是個安靜、怯懦、不起眼的老頭子，一輩子無所成，沒有人認得他，他的名字也沒有上過報，沒有人認得他，也不會聽他說話。七十五年來沒有人徵詢過他的意見。各位，默默無聞是一件令人傷感的事。像他那樣的人，會希望別人去詢問他的意見。有人會聽他說話，詢問他的意見，即使只有一次對他來說都很重要，要他放棄這個機會，真的很難……

7號：你的意思是他說謊，只為了體會當大人物的滋味？

9號：不，事實上他不算是說謊，或許他幻想他真的聽到那些話，認為凶手就是那個男孩。

10號：這個說法太妙了！你怎麼編得出這樣的故事，你又知道多少呢？

戴維的質疑合理嗎？完全合理。老人的腿是跛的，而他卻說從聽到有人摔倒的聲音後，他用了十五秒的時間走到門口，他很確切地說是十五秒，我們先不說老人的腿是不是允許他能在那麼短的時間走到門口，在當時那種突發情況下，如果不是刻意地計時，他為什麼那麼肯定地說是十五秒呢？這就說明老人在關於男孩的證詞上說了謊。問題是，他為什麼說謊呢？這可是關係到一個人的生死。

在影片中，在質疑老人的證詞時，一位陪審員也指出，這位老人一生默默無聞，這是一次很難得的讓別人注意到自己、詢問自己意見的情況，所以會很想表現一下自己。

一九五四年，一個叫馬斯洛（Abraham Maslow）的心理學做了一項心理學研究，主要研究什麼能激發人的動力。他在研究中發現：

人有生理需求（Physiological needs）、安全需求（Safety needs）、愛和歸屬感（Love and belonging）、尊重（Esteem）、自我實現（Self-actualization）五種不同層次的需求，它們由低到高，依次排列。簡單地說來，假如一個人同時缺乏食物、安全、愛和尊重，通常對食物的需求量是最強烈的，其他需求則顯得不那麼重要。此時人的意識幾乎全被飢餓佔據，所有能量都被用來獲取食物。在這種極端情況下，人生的全部意義就是吃，其他什麼都不重要。只有當人從生理需要的控制下解放出來時，才可能出現更高級的、社會化程度更高的需求，如安全的需求。

這就是我們通常所說的馬斯洛的金字塔需求理論。這個發現充滿了深刻的內涵。大部分情況下，馬斯洛是正確的，但是人的需求未必是金字塔式的呈現方式由小到大依次排列，很多情況下，這些需求因人因時交叉出現。我既想獲得麵包，也想獲得尊嚴。不過，人的需求倒是有大有小，實現難度也有難易之分。通常情況下，基本的生理需求、安全需求比較容易滿足，但是尊重和自我實現的需求則不易達到，如成就、名聲、地位和晉昇機會等。當一個人無法滿足尊重的需求時，人就會變得很愛面子、愛慕虛榮，或是積極地用行動來讓別人認同自己。例如努力讀書讓自己成為名人、恐怖分子利用暴力來證明自己是英雄（如俄勒岡州安普誇社區學院〔Umpqua community college〕校園槍擊案[10]兇手克里斯·哈珀·默瑟〔Chris Harper Mercer〕發動襲擊前在網上說：「這是我唯一能上新聞的時候，我太微不足道了。」）、熱衷於做公益事業以引起社會關注、製造彌天謊言譁眾取寵等等。《十二怒漢》中那個孤獨的老人和男孩並無利害關係，因此可以排除利益衝突這個因素，那麼他

10 二〇一五年十月一日，俄勒岡州安普誇社區大學（Umpqua community college）發生槍擊案，造成十三人死亡，二十多人受傷。校園槍擊案的兇手為二十六歲的克里斯·哈珀·默瑟。默瑟此前在博客上評價槍殺兩名直播記者的兇手弗拉納根說道：「有趣的是，很多像他一樣的人都是孤獨的且默默無聞，但他們只要稍稍灑出一點血，整個世界便知道他們是誰了。一個無人知曉的普通人，如今人盡皆知。他的臉出現在每一個電視畫面上，在他的名字在世界上每個角落被提及，都因為那一天所發生的事。似乎只要你殺的人越多，就越能令人矚目。」

偽證的目的極有可能如9號分析的那樣，無外乎是想引起更多人的關注。

(2) 龐氏騙局

一九〇三年，一個二十一歲的義大利人乘坐的輪船在波士頓登陸了，與那個著名的義大利同鄉維托．唐．科萊昂[11]（Don Vito Corleone）不同，在上岸前，他賭光了全部家當，只帶著兩塊半美元踏上了美國。這個年輕人就是後來大名鼎鼎的查爾斯．龐茨（Carlo Ponzi）。

開始的時候，龐茨在一家餐館洗碗端盤，因為偷竊和私吞顧客的錢而被餐館除名。沒過多久，他在加拿大的蒙特利爾找到了工作，成為一名銀行僱員，他在那裡中飽私囊，因偽造支票而吃上了官司，被判刑二十個月。一九一一年出獄後，在回美國的途中龐茨捲入了一宗人口偷渡案，在蹲了兩年監獄後，他才徹底獲得自由。

龐茨再次回到波士頓後，重新開始生活。一次他收到一封西班牙的來信，信中夾有一

11 維托．唐．科萊昂是電影《教父》（The Godfather）的主人公，義大利裔，第一任教父，少年生活在西西里，後逃到美國建立起黑手黨帝國。

張預付回信郵資券。這是一種可在國際間流通的郵政票據：寄信人為了免去回信人的經濟負擔，通常會在信中夾帶一張回信券，人們可以用它在當地郵局兌換郵票。一戰後，部分歐洲國家的貨幣大幅貶值，於是龐茨推斷，他可以用貶值的義大利里拉購買這些票券並在美國兌換，接著賣掉這些郵票賺取可觀的差價，這就是套匯交易的雛形——利用票券在不同國家的價格差異來獲取利潤。

一九一九年十二月，龐茨成立了一家證券交易公司，實際上裡面所有的家具和資金都是他從一個叫丹尼爾（JR Daniels）的人那裡借來的。龐茨向身邊的每一個人遊說：只需要四十五天，就可以賺到投資額的50%，三個月，能讓你的投資翻倍。

最初，只有少數膽大的波士頓人敢把錢交給龐茨，他們領了票據，果然在期滿時領到承諾收入——當然，這些錢都是龐茨貼給他們的。此後一批又一批投資者慕名而來，龐茨的店前擠滿了人……

龐茨的公司就靠著這樣一種「老鼠會」的形式逐步擴大。僅過了幾個月，龐茨就獲得了超過三百萬美元的投資。他名聲大震，被譽為「商業巨鱷」，彷彿是一個能點石成金的人。

就在龐茨一帆風順之時，他卻惹上了麻煩。那個最初借給龐茨錢的人——丹尼爾，說龐茨在回信券交易中欠了他一百五十萬美元，從未有過兌現。這事一經報導出來，人們對他產生了懷疑。波士頓政府方面也開始介入，龐茨大方地交出帳本並承諾，在接受審查期間他將停止接收投資，但會繼續兌付到期利息。

大量的負面新聞登上報紙頭條，金融分析專家查倫斯．巴倫（Clarence Barron）在《波士頓郵報》（Boston Post）撰寫的調查文章中稱：儘管龐茨為投資者兌換了豐厚的回報，但其本人並沒有投資購買回信券，如果這真是賺錢的生意，他為什麼還會去做別的營生？紐約市郵政局長托馬斯．G．帕頓（Thomas G. Patten）指出：現存量如此之少的郵政息券不足以支撐起如此之大的投資計劃。當記者們發掘出龐茨在蒙特利爾的犯罪記錄時，輿論一片嘩然，而他的結局就此註定。在他開辦證券交易公司的八個月後，聯邦探員封鎖了公司的辦公室。

事後證明，龐茨事實上並未四處購買郵政息券，而這完全是一個巨大的騙局。龐茨被判在麻薩諸塞州普利茅斯的聯邦監獄服刑五年，獄中他還幻想著擁有印著「麻薩諸塞州，普利茅斯，查爾斯．龐茨」字樣的辦公用具。一九三四年，龐茨被遣返回義大利，之後他去了南美洲，一九四九年死於里約熱內盧一家醫院的慈善病房中。

在當時，龐茨的投資方式是合法的。理論上來說，這種郵政息券可以產生收益，然而事實上，這種投資方式是極其荒誕和不可行的。賺取龐茨承諾的投資回報需要購買和轉運足夠多的債券，而這沒有人能負擔得起。這就是著名的龐氏騙局。

在金融史上，龐氏騙局是最別具一格的犯罪形式，它利用空殼公司把從新投資人那裡募集的資金用以償付過去的投資。在被立案之前，此類騙局對於潛在的罪犯和受害者來說似乎都有著非比尋常的吸引力。騙子們怀揣著看似高潔的靈魂，以金融奇才的面目出現，把騙局裝扮成一件禮物，慷慨大方地饋贈給投資者們。而投資者們則常常賦予這類騙子魔幻色彩，對投資的高額回報的渴望，讓投資者對騙子言聽計從，畢恭畢敬，心甘情願地把錢財交給他們。龐茨正是利用了人性貪婪的這一弱點，為了達到自己不正當獲利的目的，巧妙地編織了一個騙局。不過，就龐茨而言，他可能相信自己並不是在撒謊騙人，他認為有一天自己會創造出能夠產生轟動效應的投資回報。只有當詐騙犯的身份被揭露之後，受害者才會恍然大悟。而在此之前，他們在一致的反對浪潮聲中，毫無保留地相信了騙子。

當然，我們什麼時候能夠說謊、什麼時候不能說謊、什麼時候需要說謊，因人因時因地而異。說謊的原因有很多種，像《十二怒漢》中的老人和龐氏騙局中的龐茨都是利己的，有些則是利他的（如醫生對病人的善意謊言）有些則是利他、利己兼而有之的，有些則是既不利他也不利己的敬辭（如天氣很好之類）。保羅．艾克曼教授，在大量的訪談和問卷調查的基礎上，得出了九種不同的撒謊動機，以下舉例簡要說明：

①**避免受到處罰**。無論成人還是孩子，這是最常見的被提到的撒謊動機。之所以會受到處罰，可能是行為的不恰當，也可能是不小心而犯下的錯誤。

②**原本可以得到的獎賞或好處，不撒謊就可能得不到**。無論成人還是孩子，這都是普遍的心理，都是多次會撒謊的動機。

③**為了保護別人（與自己有關的人）免於處罰**。比如，為了避免自己的朋友受到精神上的或是身體上的、金錢上的損失，就刻意地隱瞞他的一些錯誤的、罪惡的行為。

④**為了保護自身，受到傷害的威脅**。與免於受罰不同，受到傷害的威脅並非犯錯誤。例如，一個未成年的孩子獨自在家，面對前來訪問的陌生人說自己的父母不在家，告訴他們明天再來就可以見到父母。這就是典型的為了避免自己受到陌生人的傷害。

⑤**為了讓別人看得起自己**。比如，故意誇大自己的薪水或是財產，這樣就會讓自己在別人面前顯得很有派頭、有氣魄，或者不至於讓自己在別人面前顯得很尷尬。

⑥**在社交場合下避免尷尬**。比如不想和對方再繼續聊天時，就撒謊說自己的母親最近身體不好，想儘早回家，以此來終止不感興趣的談話。

⑦**為了避免丟人**。明明是自己弄髒了地毯，但在別人的詢問下，卻說自己剛剛進來或自己來的時候就是如此。

⑧**為了將一些秘密佔為己有，有意不向外人說明或聲張**。當你得知某個地方的貨物比較便宜但數量又有限時，你就不會向同行聲張這個進貨渠道。

⑨**為了更好地行使凌駕於別人之上的權利，控制或隱瞞別人想知道或應該知道的信息**。如商業或政治中的領導人，控制信息，打擊政治對手，尼克松水門案即是如此。

當然，這些原因並不足以涵蓋撒謊的全部動機，但一定是生活中最為常見的。事實上，有時人們說謊只是出於一種本能，而當事人並不知曉，他根本沒想去傷害誰，也不想為自己謀利。麻薩諸塞州大學（University of Massachusetts）的心理學教授羅伯特・費爾德曼（Robert Feldman）曾經做過一次測驗。他把兩個陌生人安排在一起互相熟悉，自己在暗中觀察，並拍攝了下來。十分鐘後，讓他們一起觀看這段錄像，並要求測試者指出哪些地方自己所說的陳述不實。大多數測試者一開始都會聲稱，自己在這個過程所說的話完全屬實沒有撒謊。但事實上，有60％的測試者在這一過程中說了謊，只是他們自己根本沒有意識到這一點。怎麼會這樣呢？兩個不相干的人完全沒有什麼利害衝突，根本不存在說謊的動機。「很多情況下，人們說謊只是一種習慣或本能。」羅伯特．費爾德曼解釋道，「我們在與人交往時，大多會順著別人的思路說話，我們並不會把自己的全部想法呈現給對方。」

五、謊言的類別

謊言有多種形式：一種是隱瞞——隱瞞事實或部分事實；另一種是捏造——編造虛假事實；還有一種是迴避——對事實迴避或者避重就輕；最後一種是誇張——誇大或縮小事實。前兩者是謊言的主要表現形式。當然，謊言還有其他一些表現形式，比如赤裸裸地告訴你，我是在說謊——這可不是那個著名的悖論——有時他可能真的就在說謊。由於不太常見，這裡就不多做介紹了。

(1) 隱瞞

隱瞞就是撒謊者會保留一些事實不說或者乾脆迴避不說事實，但並不存在編造一些不實之事。對於大多數人而言，撒謊時我們更願意選擇隱瞞的方式，即真實地省略一些信息。因為這樣操作起來更方便一些，不但可以減少自身的心理壓力，也可以逃脫撒謊的罪惡感，會認為「我覺得他應該知道的」，或是「我忘記告訴他了」。

一些政治家認為，在政治當中，隱瞞是必須採用的手段。這在美國總統尼克松的身上體現得就非常到位。儘管因為水門事件他已被迫辭去總統很多年了，但他一直否認自己說了謊，僅僅承認自己隱瞞了真相。他的說法是：「為了在大選中獲勝，並保住自己的位置，隱瞞是必須要採取的手段之一。」他還說：「對於某人的看法你最好不要實話實說，因為有一天你可能用得到他……對其他的領導人也不要講真話，因為你將來很有可能跟他打交道。」

一般情況下，謊言天衣無縫，我們在隱瞞的同時不得不捏造部分事實，但在有些情況下，僅僅隱瞞就可以達到目的。比如家人為了使生病的親人不帶著一個恐懼和遺憾的心態離世，就會隱瞞著他已進入癌症晚期的消息；為了不讓孩子鑽進樹林裡玩，就騙他裡面有妖魔鬼怪，會吃他們；警察為了讓犯罪嫌疑人說出更多的犯罪事實，會故意隱瞞一些已經知道的情節，而讓犯罪嫌疑人自己一五一十地說出來……這些隱瞞，沒有逾越一定的道德底線，普通大眾是能接受和原諒的。相反，目擊證人為了避免帶來不必要的麻煩，在警察調查時卻說自己當時沒在意，沒有看清楚是誰先動的手；在夫妻感情不和時，妻子隱瞞了自己已有外遇，這類隱瞞即使並不荒唐或可恨，但最起碼不合乎道德。

如果說謊無法避免，你願意選擇哪種形式的撒謊呢？通常應該是隱瞞而不是捏造。最簡單的一點原因就是，隱瞞就造假來說比捏造要容易得多，因為捏造需要把事情說得天衣無縫，這就需要說謊者俱有很好的記憶力、敏捷的反應能力以及縝密的邏輯能力等多種綜合能力，方能讓對方看不出破綻，而這些對於隱瞞來說則不是必要的。即使隱瞞被發現或揭破，我們也可以以「這件事我還不太清楚，我再調查一下」、「我這幾天實在是太忙了，還沒有來得及告訴你」、「哎呀，你看我這幾天真是忙糊塗了，竟然把這麼大的事情忘記了」、「可能是我記錯了」等之類的理由開脫。我們還以水門事件為例，尼克松的助理霍爾德曼（HR Haldeman）和埃利希曼（John Ehrlichman）因為也被捲入此事而被迫辭職，黑格（Alexander Haig）則接替了埃利希曼的工作來為尼克松出謀劃策，商討如何應對前白宮法律顧問約翰．迪安（John Dean）的指控。但是談話錄音被曝光了，很快黑格就建議尼克松用「不記得了」之類的理由來應對信任危機。

選擇隱瞞性質的撒謊還有一個原因，捏造的罪惡感似乎要更強烈一些，證據更明顯，影響力更大，而且系主動性質，隱瞞相對來說就少一些，這在一定程度上能減輕責任感和罪惡感。

從撒謊者的角度來說，隱瞞真相的確能減輕說謊者的罪惡感，但從被騙者的角度來說，隱瞞反而可能會激怒對方。研究者史威斯特（Eve Sweetster）提出了一個極為有趣的觀點：「受騙者一旦知道自己在某些事情上被隱瞞了，可能比遇到了事實被捏造時的情形還生氣。如此一來，受騙者就不僅僅認為自己是受到了欺騙，那感覺就像對方鑽了法律的空子一樣。」

(2) 捏造

說謊的另一種表現形式是捏造。所謂捏造就是無中生有地說出一些情形，即把虛構的信息當成真的說出來。捏造是一種比「隱瞞」更為高超、更為困難的撒謊形式，因為它不僅要求撒謊者語言縝密、表情到位，而且不能出現任何差錯和漏洞。有時，謊言本身並不需要去捏造什麼，而是為了將隱瞞掩飾得更好，就不得不去編造一套新的說辭。

比如，當一個罪犯在隱瞞罪行時，通常編造自己不在場的事實和證據；一個面試者為了得到眼下的工作，就謊稱自己具備工作經驗，會用一些提前準備好的行業術語和規則捏造一系列「從業經驗和故事」；少婦和自己的情人通電話時被丈夫聽見了，而之前她一直在隱瞞這件事實，此時面對丈夫的質問，就不得不捏造一些故事來消除丈夫的猜疑。這三種情形都需要先隱瞞事實，然後捏造出一系列的情景來讓對方信服。這時要想僥倖過關，必須在任何細節上都不能馬虎，抓謊者很可能會利用其中極小的一點破綻作為突破口。

因此，精明的說謊者反而在這方面非常小心，這也加大了我們抓謊的難度。法國十六世紀人文主義思想家蒙田（Michel de Montaigne）在其《隨筆集》（Essays）中就說：「假如作偽像事實那樣只有一種可能，那麼我們將會很慶幸的，因為只需要反著思考就可以了，這看來是一件輕而易舉的事情。但事實上並非這樣的，不符合事實的、捏造出來的可能性會有成千上萬種，是一個無限的範圍。」

(3) 迴避

還有一種謊言形式可以看作是隱瞞的變種，比如迴避型謊言。就是對對方的問題不置可否，既不說是，也不說不是；或者避重就輕，呼應一些無關痛癢的細枝末節。比如記者會上面對記者的詰問直接忽視，避而不答；或者在社交場合上裝作沒聽見對方的問題，或者笑而不答；尼克松在面對法官的詢問時，不想回答時則直接說「記不清楚了」。迴避型謊言因為無需承擔撒謊的指摘，往往被廣泛運用在商業和外交領域，有時也因可免於被當作偽證，常常在法庭上被犯罪嫌疑人當作逃脫罪名的擋箭牌。

(4) 誇張

誇大型說謊是指將事實故意放大或縮小傳達並誤導對方的一種撒謊行為。誇大不同於隱瞞——它承認事實本身——不過對事實進行了加工罷了。它並不等同於捏造，捏造是憑空創造的子虛烏有的行為，而誇張是在原有事實的基礎上進行量的加減的說謊行為，比如對一個約會遲到的人抱怨說「哎呀，我都等你了半個小時了」，而事實他不過多等了十分鐘而已；撰寫簡歷時故意誇大工作年限；丈夫為了不讓妻子擔心，故意將受傷情況說得很輕微等等。

六、說謊與情緒

與人的理性思維、推理能力相比，情緒可能是一種不受歡迎的東西，比如我們說一個人不理智、感情用事的時候，就用「情緒化」來形容。人們經常詛咒自己的情緒，希望自己不會生氣、嫉妒、羞愧和憂傷，沒有快樂也沒有悲傷。但這樣一來，你就缺乏了理解他人的能力，你不知道什麼是愛，什麼是恨，也沒有什麼能夠打動你，因為你沒有情緒、沒有悲傷，無法感知這個世界。

雖然情緒會給我們帶來種種麻煩，但是跟其他的非理性偏見相比，比如證實偏見、事後聰明、認知自我偏向、記憶虛構等，即使我們感到不舒服時，情緒也未必是非理性的，情緒把人們連接在一起。比如，儘管我已經察覺到你在說謊，但考慮到你的面子和兩人的情感，雖然我十分惱火，感覺受到了欺騙，但還是沒有拂袖而去，情緒在這裡起到了緩解事態、平息憤怒的作用。

就說謊者而言，與說謊有關的情緒通常有三種：擔心被識破的恐懼感、說謊的罪惡感以及欺騙人的快感。

(1) 恐懼感

即使一個人深諳言辭之道，在謊言上無懈可擊，但是一旦涉及到情緒，就有可能受其困擾。一個典型的情緒就是謊言被揭穿後的恐懼感。一旦這種擔心湧起，甚至當事人也無法控制，進入自動自發狀態。因為情緒的產生往往是瞬間之事，這樣難免就會露出破綻來。

恐懼感的產生和強弱與謊言戳穿後的成本大小有關。如果說謊的成本和利害關係不大，說謊通常不會產生恐懼感或者產生的恐懼感比較輕微，這時，反而可能使說謊者保持警惕，在言詞上更加小心；如果說謊的風險較大，除非是經過嚴格訓練的說謊者——說謊人的恐懼感往往比較強烈。

恐懼感的強度和欺騙對象的認知和接受程度息息相關。一個精明的撒謊如果能事先預感到謊言會被識破，將有利於他做出是否去隱瞞真相的決定，而被騙者是一個弱智的傢伙還是一個智者做出的，對策又是不一樣的。課堂上，老師對傑姆說：「傑姆，你能說一下維尼的錢包是誰撿到的嗎？」儘管老師僅僅只是懷疑傑姆，但傑姆認為自己的行為已經被老師被識破，於是就乖乖地承認了。當老師質問傑姆時，其他的學生心中也會不自覺地產生一定程度上的恐懼感，因為這些無辜者會擔心自己被冤枉。而對於抓謊者來說，摸清撒謊者的這種心態至關重要。

因此，不難看出，撒謊者擔心謊言被識破的決定性因素有兩個：一是撒謊者自身的人格特質；二是抓謊者的性格及能力。但是還有兩點因素不得不提，第一點就是撒謊後所要承受的代價，代價越高，恐懼感就會越強，這一點並不難理解。如果一個會危及到撒謊者生命或是否被炒魷魚的謊言，撒謊者的心裡一定會產生不小的波動；再如，同樣是一個謊言，下屬向董事長撒謊和向主管撒謊，情緒反應也是不一樣的。第二點就是被騙對象在騙局中的得失。有的撒謊動機就是為了得到更多的利益，這也就意味著被騙者會受到一定程度上的損失，正如一個帳目上做了手腳的商人一定會擔心生意夥伴發覺漏洞。也許撒謊者得到的利益高於被騙者的損失，也許得到的要小於被騙者的損失，這都會影響到撒謊者恐懼心理的強弱。但是，一個經常撒謊的人每次謊言都不會被識破，久而久之，他的擔心被識破的恐懼感也會減弱。正如同經常被抓進警察局的小偷在面對警察的詢問，似乎已經成了家常便飯；一個經常發生外遇的男人，在面對妻子的屢次質問時，逐漸就會顯得平淡無奇；一個常年在官場、商場上混的人，在面對對手的質疑時，總是能大言不慚地撒謊。這就是所謂的撒謊成性，因為他們知道自己能夠全身而退，對應該如何應對的「機關」和程序已經司空見慣，所以無需擔心和預防。

第二次世界大戰的主要發動者希特勒就是一個撒謊成性、恐懼感已經完全弱化的高手。希特勒天大的謊言之所以能夠成功地發揮出足夠的威力，很重要的一方面就在於他不需要掩飾任何強烈的情緒而「義正詞嚴」地說出口。而大多數謊言之所以穿幫，就是因為撒謊者壓抑的情緒洩了密。恐懼的情緒越是強烈就越容易以一種不確定的形式暴露謊言。恐懼感可以使謊言變得更加脆弱，不僅能洩露謊言本身的痕跡，還會使撒謊者內心不安而再度犯錯，而希特勒自身是毫無罪惡感可言的。

概而言之，當出現下列條件時，說謊者擔心被識破的恐懼感就會增強：

- **欺騙對象開始起疑。**
- **欺騙對象十分精明、很難上當或者地位崇高，十分威嚴。**
- **說謊成本過高。**
- **說謊者過分擔心自己被識破。**
- **說謊者經驗不充分，或者極少說謊。**

(2) 罪惡感

說謊者的罪惡感是指一個人說謊時產生的一種情緒感覺，是就說謊本身而言的，與法律上是否有罪無關，也與說謊者說謊的內容無關。它是說謊者自我認識上產生的一種道德困境和不安，比如不忠的妻子在出軌這事上對丈夫撒了謊，會有一種良心上的愧疚。黑客組織「CynoSure Prime」日前破解了全球最大的婚外情網站 Ashley Madison 的一千多萬用戶帳戶的密碼。破解出的密碼顯示，在該網站註冊的用戶具有很強烈的負罪感。這些用戶使用的密碼包括：this is wrong（這是錯誤的）、why are you doing this（為什麼要這樣做）、I think I love my wife（我想我是愛自己的妻子）、I should not be doing this（我不應該這樣做）、what the hell am doing（我究竟是在幹什麼），cheaters never prosper（騙子從來沒有好下場）。

與擔心被識破的恐懼感類似，罪惡感也有大小強弱之分。一般說來，道德感高的人說謊時極易產生罪惡感，特別是看著自己的欺騙對象因為自己的謊言而造成損失時，罪惡感就會加重。但是他在決定撒謊時，往往意識不到會造成如此大的良心不安。換而言之，撒謊者低估了罪惡感。隨著時間的發展，撒謊造成的後果越來越嚴重，而當事人甚至為了掩蓋前一個謊言而接二連三地製造更多的謊言，問題也就越來越嚴重——撒謊者的罪惡感也會越來越嚴重。

撒謊是否產會生罪惡感以及罪惡感的強弱與撒謊的性質直接關係。有些情況下，撒謊似乎是允許的，無論是從法律意義上還是在道德層面上，因為撒謊者可以拿某種明確的社會規範和價值觀來為自己開脫或是做一種心理上的安慰。

被西方尊稱為「醫學之父」、歐洲醫學奠基人的古希臘名醫希波克拉底（Hippokrates）立下的行醫誓言中就沒有規定醫生必須對患者說出實情。因為醫生對於病人，有些謊言是合情合理的，是對病人有利的，不僅可以減少病人生理上不必要的疼痛，還可以免除病人心理上的恐懼。所以，撒謊的醫生不會因此而產生罪惡感，而這種謊言也會得到社會的認同。

生活中有很多這樣的情境，在這種情況下撒謊似乎成了唯一的選擇。反言之，誠實可能會造成一種罪惡感。當你的朋友正在減肥時，詢問你她是否瘦了一些，事實上她的身體沒有絲毫的變化，但是此時你要說出實情，可能會打擊對方的積極性，尤其對一個好面子的女孩來說。這時如果你選擇撒謊，朋友聽了會很高興，會繼續堅持下去。這種性質的撒謊，既不會讓說謊者產生罪惡感，也不會讓對方受到損失，反而能對欺騙對象產生積極的作用。可是，也許有人會說：「我根本就不能忍受撒謊，我不能對一個沒有減肥的朋友說他瘦了！」在是否瘦的問題上，你確實沒有撒謊，但可能隱藏著另一個問題。關於這一點，法國著名心理分析師若拉爾·婁萬（Gerard Louvain）解釋得很有意思：「這表明你不會在真理面前退縮，你的話揭示了你想變成超人的願望，並經常隱藏著一種很強的攻擊性。」

你以誠實為藉口，曲折地對朋友攤牌，「真誠」地進行謀殺。你的朋友可能會因此放棄減肥，繼續暴飲暴食，也不再堅持完美的運動計劃，甚至因為鬱鬱寡歡而自殺了。你聽到這個消息以後會產生什麼樣的心理呢？會不會產生罪惡感呢？這種情況下的誠實實際上就是一種變相的撒謊。當然，這是一種極端的推論，在實際生活中並不存在一個人因為誠實而自殺的例子。總之，我們必須分清罪惡感的來源，即道德的評價。而道德評價的底線要基於兩個方面作為標準：①固有的、被大眾認可的社會規範和行為準則，逾越了要受到譴責；②無論是窮凶極惡的罪犯還是家財萬貫的富豪，地位儘管有高低，但每個人心中都應有一個支撐自己言行的道德底線。

◆**說謊者道德感強。**

一般情況下，在出現下述條件時，說謊者的罪惡感就會加重：

◆說謊者和欺騙對象熟悉，尤其是自己幫助過或者特別信賴自己的人。

◆謊言騙局會導致欺騙對象損失過大。

◆說謊者平時很少說謊，或者很長一段時間已經不說謊了。

(3) 快感

欺騙後的恐懼心理和罪惡感會使謊言露出破綻，會產生一種消極的情緒，但這種情緒並非一直延續。撒謊者克服了恐懼感和罪惡感後，就會產生快感，即一種積極的情緒。比如打牌時欺騙對手的伎倆得逞、戰爭中誘使敵方上當等，說謊會被視為一種良好的成就。或者說完謊還不清楚謊言是否奏效，但沒被揭穿，說謊者就會產生一種終於說完了的興奮和滿足。

撒謊所產生的快感基本上可以分為兩種情況：一種人撒謊是為了達到某種目，目的達到後就會得意忘形、沾沾自喜；另一種人撒謊並非是為贏得某種利益，僅僅是為了享受得到成功欺騙他人後的成就感，目的達成後神經進入興奮狀態的感覺會讓他樂此不疲。但是，其中的快感也有強弱之分，而且是複雜的。如果成功欺騙產生了快感，但又夾雜著擔心被識破的恐懼感、內心的自責，那麼，快感很快就會蕩然無存。而有的人成功欺騙別人後興奮不已，會按捺不住心中的喜悅，很想拿出來與別人分享，以至在某些言行上穿幫。比如小偷可能會向旅途中坐在一起的陌生人炫耀自己曾經的壯舉，如何成功地製造了一連串的偷盜事件，殊不知這個陌生人可能就是警察；罪犯可能會和密友分享自己如何巧設連環計而竊取了公司的機密，但她的密友卻將此事錄了音，如此等等，都是撒謊者的虛榮心在作怪。

從另外一個角度考慮，撒謊之所以能給人帶來快感，還源於其中存在失敗和挑戰的風險。倘若是任何一個普通人都能做到的事情，如識別廣告牌上的字、懂得交通規則等平淡無奇的事情，就不會給人帶來任何快感，而成功地從便利店裡偷出東西，則一定會產生快感，因為這並非一般人能做到的。對於當事者，他通過精心策劃，經歷幾道監控而將未付帳的商品帶出後，成就感就會油然而生。他不會有任何擔心被發現後的恐懼感，他會以便利店本來就是個暴利行業等理由來消除自身的罪惡感。而這種僥倖的心態會更加激發他的下一次行動，會從超市中偷出更多、更大的商品，本來遮遮掩掩的動作可能會減少，恐懼感也會減輕，在數次都成功後，這種快感就會挑起他更加囂張的行為。但是，這個聰明的傢伙可能萬萬沒有想到，自己的快感已使他的偷竊行為露出了很大破綻，將被警察抓個現行。

因此，挑戰和失敗的風險是決定快感程度的重要因素。如果欺騙的對象是一個被人們認為根本就不會上當受騙的傢伙，挑戰指數很高，結果成功了，那麼，得到的快感會非常高；若是撒謊者的同事、朋友知道他的計劃即將實現，或對他的得逞大加讚賞，都會增加撒謊者的快感程度。對於那些高明的商人、政治家來說，有時他們即使是勝券在握，也會運用假象誤導對手在心理上形成快感，以致他得意忘形後放鬆警惕。所以，商人和政治家的陰謀就得逞了。

說謊的快感和下述情形有關：

◆**欺騙對象難以欺騙。**

◆**說謊充滿正當性，欺騙能獲得巨大利益，或被視為榮譽之事，比如戰爭中誘使敵方上當。**

◆**說謊難度巨大，充滿挑戰性。**

◆**說謊這一過程，有很多關注者。**

七、皮諾丘的鼻子

「你怎麼知道我在撒謊？」

「親愛的，撒謊是很容易被人認出來的：一種人一說謊腳就會變短，而另一種人一說謊鼻子就會變長。不信，你摸摸看，你的鼻子是不是變長了？」

在《木偶奇遇記》（The Adventures of Pinocchio）中，皮諾丘一旦說謊，他的鼻子就會隨之變長。在真實的世界中，人們在說謊時鼻子雖然不會變長，但確實也會發生一些變化。西班牙格林納達大學（Universidad de Granada）的研究人員發現，人們在說謊時，鼻子及周圍肌肉的溫度會有所上升。這是由說謊產生的焦慮感所引發。當人們撒謊時，大腦中的島葉皮質（Insular cortex）會被激活，島葉皮質活性增強後，體溫就會隨之升高。

一般說來，除非是訓練有素的說謊者，人們在說謊時總會留下蛛絲馬跡。撒謊者通常無法預知什麼時候該說謊，也無法設定該用什麼形式的謊言。隨機應變的說辭往往無法適應千變萬化的形勢，即便不會暴露真相，也會留下一些線索，如紊亂的邏輯、波動的情緒、擔心被揭穿的恐慌等等，都可能使說謊被人察覺。奧地利精神分析學家西格蒙德·佛洛依德（Sigmund Freud）對此有著精湛的研究，他說：「任何五官健全的人必定知道他不能保守秘密，如果他嘴唇緊閉，他的指尖會說話。甚至他身上每個毛孔都會背叛他。」此外，佛洛依德發現，在人的意識背後，還深藏著另一種極其有力的心智過程——「潛意識」，比如無心的口誤，也可能顯示一個人正在說謊。

一個說謊時常見的事情是——說謊的恐懼感、罪惡感會讓人變得緊張，因此，會做出一些無意的動作。特別是撒謊者在面對質問時，事先往往沒有想到會發生這樣的情況，一時不知如何應對，情緒上難免緊張。這就增加了揭破真相的可能。當被騙者看到對方緊張，即使相信他說的話，也難免產生懷疑的心理，甚至會「順藤摸瓜」地去證實和留意一些真相。

當然，一個人緊張也不能完全證明是在撒謊。有時一個老老實實的人在面對別人的質問時也會有一些不自在的情緒，只是質問的人根本沒有在意這一點。也許撒謊者很清楚這一弱點，所以撒謊時通常會表現得比較淡定或者面無表情。但這樣似乎也沒有太大的作用，因為越是如此，嘴唇就會綳緊拉平，上眼皮會隨著眉毛往上抬，手會不自覺地或強或弱地發抖，甚至拳頭握得很緊等等。而這也恰恰證明了他有可能在說謊。

萊昂納德．科恩（Leonard Cohen）說：「萬物皆有裂痕，那是光照進來的地方。」我們在說謊時無意中暴露的細節和破綻，是那真相之光照進來的地方。

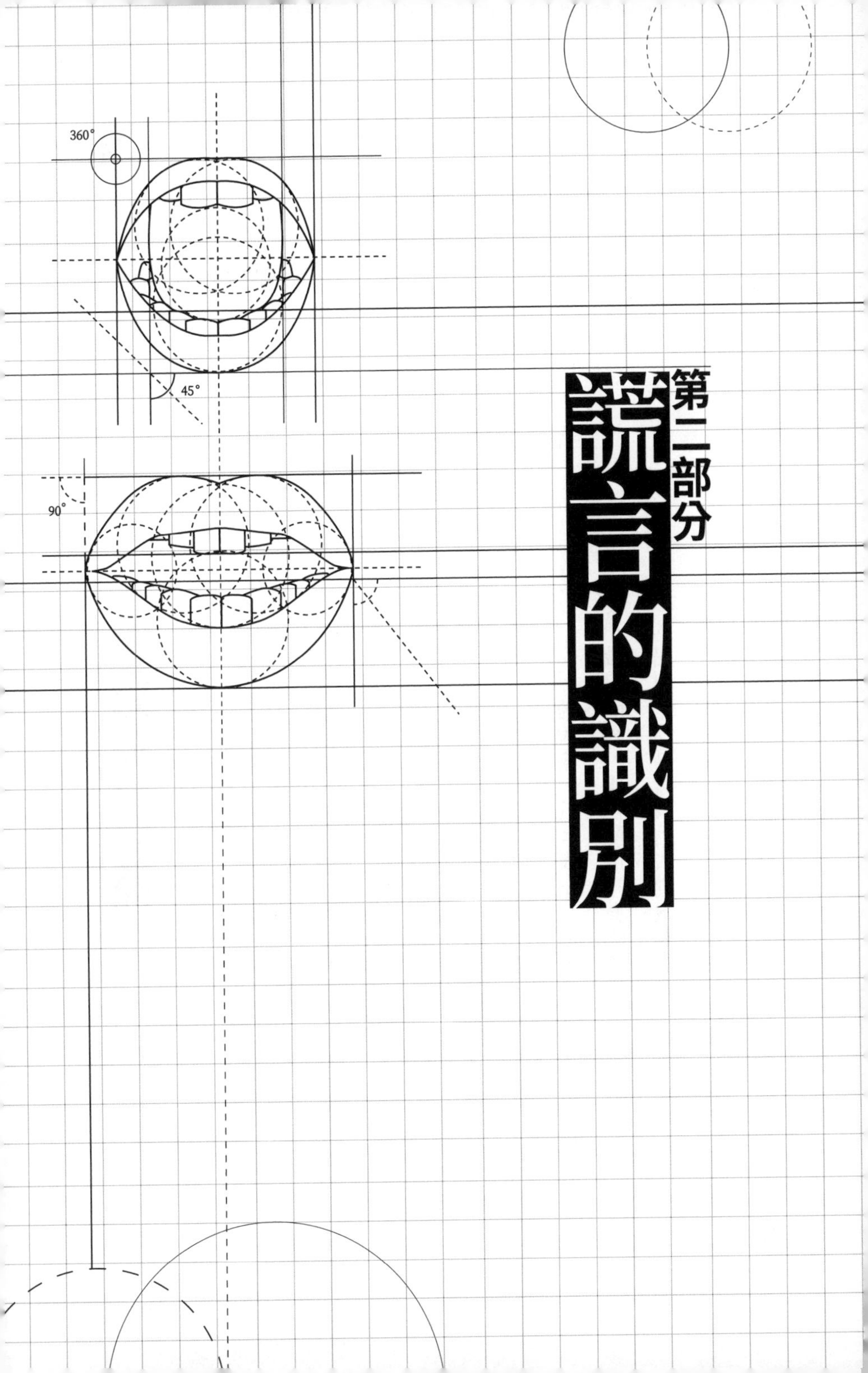

第二部分 謊言的識別

第三章
語言的背叛

一、作為身份的語言

語言是人類思想的載體及最主要的交際工具。語言也是社會的鏡子，個體的差異作為一種社會文化現象必然會反映到語言中來。它不僅反映一定的社會現象，而且隨著社會的發展而變化。不管是內容還是形式，不同個體、不同性別、不同時代、不同地域的表達各有特色，由此也產生了不同的語言體系。

一般說來，低教育水平的人會受詞彙量和修辭知識的限制，並在使用語言時會犯一些跟認知有關的錯誤；而高層次的人則很難知道下層階級的人使用的一些粗鄙的語言；地理位置的不同也導致方言或俚語的不同，北部人和南部人使用的語言當然會有所不同，即使在通用語上也會有所偏差。

人們會選擇性地使用跟自己階級相關、等級相關、身份相關的語言。甚至在語言結構上，每個人都會不一樣，有的人狀語習慣性置前，有的狀語習慣性置後；有的慣用形容詞，有的從來就排除形容詞；並不是所有的人都用主謂賓結構，有的人習慣忽略掉主語，有的人從來不用賓語。在標點符號的使用以及斷句分層上，人們各有自己的偏好。《特種部隊：全面反擊》（GI Joe: Retaliation）中的傑伊小姐（Lady Jaye）就是根據總統講話的語言習慣與平時不同推斷出總統可能已經被綁架替換掉了：

傑伊：嗨，我有你們想看的東西，在我查總統的時候發現了些東西。這是總統在八月九日的時候（播放影片）：作為額外的離岸力量，我們被迫參與到別國的事務當中。這是十天後（播放影片）：我是說，否則我們將成為某些……這些都是過渡詞，小詞組讓我們的腦子有機會跟上我們的嘴巴，就像——

路霸：就像？

傑伊：是的。

路霸：我們的總統？

傑伊：在八月九日和八月十九日之間，他不再使用「要知道」和「某種」，而開始說「我是說」和「某些」。這還不是全部，「晚飯」變成了「晚餐」，「蘇打」變成了「汽水」。

路霸：同一個總統，兩套模式。

於是，他們順勢追查下去，果不其然，現在這個總統是敵方陣營的撒旦（Zartan）偽裝的。

確實，說話要符合人的身份和習慣。一個有教養的英國紳士在提到去廁所時一般不會直接說的，而用另外比較委婉的說法，如「May I wash my hands？」之類。偉大的作家讓書中的人物開口說話時不會千篇一律，他必須使人物的說話合乎他的身份地位。十四世紀英國詩人喬叟（Geoffrey Chaucer）在他所寫的《坎特伯雷故事集》（The Canterbury Tales）中就是通過每位朝聖者使用的語言來揭示他的社會地位，例如地方官吏和磨坊主是用「粗野的方式」說話，而教會階層則是文雅的。

每個人的語言都是獨特的。因為受母語環境、人文環境、社會經濟、生產、風俗、心理、行為等不同因素的影響，每個人的這種獨特性會伴隨其一生。因此，警察在破案時，可以從一個人的詞彙量、語法結構、詞語組合習慣上發現犯罪嫌疑人的身份特徵。

一九四〇年十一月十六日，紐約愛迪生公司大樓一個窗沿上發現一個土炸彈，並附有署名「FP」的紙條，上面寫著：「愛迪生公司的騙子們，這是給你們的炸彈！」後來，這種威脅活動越來越頻繁，越來越猖狂。一九五五年竟然放上了五十二顆炸彈，並炸響了三十二顆。對此報界連篇報導，驚呼此行動的惡劣，要求警方予以偵破。

紐約市警方在十六年中煞費苦心，但所獲甚微。所幸還保留幾張字跡清秀的威脅信，字母都是大寫。其中，FP寫道：

我是一個病人，而且正在為這個病而怨恨愛迪生公司，該公司會後悔他們的卑鄙罪行的。不久，我還要把炸彈放在劇院的座位上，謹此通告。

——FP

警方請來了犯罪心理學家詹姆斯．布魯塞爾博士（Dr. James Brussel），博士依據心理學常識，應用層層剝筍的思維技巧，在警方掌握材料的基礎上做了如下分析推理：

1. 作案人是男性，因為以前造炸彈或放炸彈的人都是男人，無一例外。
2. 他的年齡估計在五十歲以上，他懷疑愛迪生公司害他生病，有可能是個偏執狂。偏執狂的發展是緩慢的，但一過三十五歲病情會加速加重，「FP」放炸彈已有十年的歷史了，一九四〇年時他剛過三十五歲，現在（一九五六年）他應是五十歲出頭。

3. 偏執狂總是歸罪他人。因此，愛迪生公司可能曾對他處理不當，使他難以接受。

4. 字跡清秀表明他受過良好的中等教育。

5. 據德國一位精神病醫生統計，偏執狂有85%屬於運動員體型。所以推斷他胖瘦適度，體格勻稱。

6. 字跡清秀、紙條乾淨表明他工作認真，是一個兢兢業業的模範職工。

7. 他投遞的信中所用的措辭和某些專有名詞的寫法不像美國人所為，例如他用「卑鄙罪行」一詞過於認真，還把愛迪生公司寫成全稱「Society Edison」，而不是美國人常用的「Consolidated Edison」的縮寫「Cons.ED」。因此推斷他可能在外國人居住區。

8. 他一定受過某種心理創傷。因為，和愛迪生公司有糾葛的人成千上萬，但除了這個偏執狂，誰都不會因此而把炸彈亂放在公司大樓以外的地方。由此分析，他與公司的糾紛不是他投放炸彈的唯一理由。他的心理創傷可能與伊迪帕斯情節有關，幼年時他經常反抗父親，這使得他產生了一種反抗權威的情緒，成年後愛迪生公司對他的不公正待遇，使他心靈深處的創傷復發，他用到處投放炸彈來反抗各種權威。

9. 他常年持續不斷亂放炸彈，證明他一直獨身，沒有人用友誼或愛情來癒合其心理創傷。

10. 他衣著整潔，風度翩翩，待人有禮貌，對誰都是和藹可親的，因為偏執狂病人大多都保持自己的君子風度。

11. 他不喜歡住公寓，寧願住獨院獨宅。因為造炸彈必須有一個設備很好的工作室，一個不會妨礙鄰居又不會被人發現的隱蔽地方。

12. 地中海各國用繩索勒殺別人，北歐諸國愛用匕首，斯拉夫國家恐怖分子愛用炸彈。所以，他可能是斯拉夫後裔。

13. 斯拉夫人多信天主教，他必然定時上教堂。

14. 他的恐嚇信多發自紐約和韋斯特切斯特。在這兩個地區中，斯拉夫人最集中的居住區是布里奇波特，他很可能就住那裡。

15. 他可能身患心血管疾病。在持續十六年的威脅信件中，他多次聲稱自己是一個病人，必是慢性病。但癌症不能活十六年，恐怕是肺病或心臟病，肺病現代已易治癒，所以他可能是心臟病患者。

博士談了十五點可能性後還大膽推測：警方抓他時，他一定會穿著當時正流行的雙排扣上衣，並將鈕扣扣得整整齊齊。博士建議把這15個可能性公之於眾，因為他認為FP重視讀報，又不肯承認自己的弱點。他一定會作出反應以表現他的高明，從而自己提供線索。

果不其然，一九五六年聖誕節前夕，各報刊載這十五個可能性後，FP從韋斯特切斯特又寄信給警方：「報紙拜讀，我非笨蛋，決不會上當自首，你們不如將愛迪生公司送上法庭為好。」依循有關線索，警方立即查詢了愛迪生公司人事檔案，發現在三〇年代的檔案中，有一個電機維修工喬治．梅特斯基因公燒傷，曾上書公司訴說染上肺結核，要求領取終身殘廢津貼，但被公司拒絕，數月後離職。此人為波蘭裔，當時（一九五六年）為五十六歲，家住布里奇波特，父母早亡，與其姐同住一個獨院。他身高一七五公分，體重七十四公斤，平時對人彬彬有禮。一九五七年一月二十二日，警方去他家調查，發現了製造炸彈的工作間，於是逮捕了他。當時他果然身著雙排扣西服，而且整整齊齊地扣著鈕子。

二、謊言的陳述特點

撒謊畢竟是一件非常難的事情，因此，撒謊者總是極力修飾謊言，會事先將其編得天衣無縫。為了讓聽話者相信，撒謊者通常盡量避免使用一些欺騙性的語言，而是採用編故事的辦法，使事情看上去顯得更為真實、可信。在交談中，撒謊者甚至會讓傾聽者註意自己的言辭，例如會說「你在聽我說話嗎」、「我說的你都清楚了嗎」等，表面上是在告訴對方「我沒有撒謊」。有時，為了避免邏輯上的錯誤，撒謊者會反覆糾正自己說過的話。FBI（美國聯邦調查局）的警察曾經說道：當要求罪犯描述案情時，他會把每一個細節說清楚，但在敘述中會反覆糾正說過的話。此時罪犯就暴露了兩個撒謊訊號：一、越是詳細描述案件的經過，越是因為他心理緊張，害怕警察揪出其中的遺漏；二、越是反覆修改說過的話，越是說明沒底氣，其實是在一邊虛構一邊自圓其說，說真話的人是不會在乎小細節上的錯誤的。

撒謊者之所以謊話連篇，就是因為語言的可塑性較大。相對於聲音肢體、表情等非語言行為來說，撒謊者通常更容易控制言辭。而在人際交往中，言辭受到傾聽者的注意力要高於表情，因為言辭的表現力更豐富快捷，隱瞞和造假也相對容易。

對於說話陳述真實性的研究始於二十世紀五〇年代。一九五四年德國最高法院，召開了一個小型聽證會，討論關於兒童在性虐待中的證詞是否可信。第二年，民主德國最高法院做出了一個規定，要求有爭議的案件中使用心理訪談和可信度評價。這導致了後來在很多案件中，都有心理學參與評審。幾十年來，大概有四萬多案件在審判時參考了心理學家的證詞。在此基礎上，一九八九年，德國的史德拉（Steller）和克肯（Kohnken）總結了一套內容標準，這就是陳述有效性評價（Statement Validity Assessment，SVA），簡稱 SVA。SVA 由三個要素組成：①一次結構化的訪談；②一個標準基礎內容分析 CBCA（criteria-based content analysis），評價獲得的訪談陳述內容和質量；③通過一套問題檢查列表有效性來評價結果。

ＳＶＡ的測量比較複雜，一個標準的ＣＢＣＡ涉及一九項標準，這裡不過多引述，就其涉及的一般特徵簡約談談。

◆**邏輯結構**：陳述是連貫的和符合邏輯的，不同部分不會不一致或者相差太多，那麼就可以判斷為符合邏輯結構。

◆**無組織的敘述**：無組織敘述是指整個陳述的信息是分散的，而不是以一種結構化的連貫時序性的方式說出來。人在不安的狀態下，敘述就會呈現這種無組織的特點。先講核心事件，然後講稍後發生的事情，然後又回到開始。強姦案的被害人就是這種陳述方式，如果某人把同樣的事情講了好幾遍或者常常想起這件事，他們講述的就是有時序性。

◆ **細節的質量**：這一標準要求陳述必須富有細節，出現地點、時間、人物和事件的特定描述。講述是真實的而不是捏造的，那麼敘述的細節會帶來額外的信息。

ＳＶＡ之所以具有科學性，是因為它是建立在這種標準上的，即基於真實經驗的記憶陳述和基於幻想創造的陳述存在著差異，在內容和質量上都不同。當然，在ＳＶＡ評定中，少了某一項或多了某一項，並不能證明陳述是虛假的，但它仍然是目前法庭上最為有效的測量證詞真實性的方法，為大部分歐盟國家所採用。不過在美國，不同的州之間存在著分歧，有的州只把它作為警察督導用的參考資料。

鑑於ＳＶＡ的測量方法非常複雜，在ＳＶＡ「陳述標準分析」（criteria-based content analysis）的基礎上，進行簡約處理，我嘗試著從內容、語法、表達策略、語言漏洞等幾個方面分析一下謊言的特點。

三、內容特點

除非是典型的欺騙行為，撒謊者通常不會進行虛假的陳述，他可能只說某件事或者盡量避免說某些事，比如一個外出晚歸的男人回來，妻子問：「你喝酒了嗎？」他可能不會直接回答：「我只是和比爾在一起談了點事情。」他也可能採用講故事的方式，虛構出一個看起來合乎情理的事實。

按照SVA分析方法，基於編造的虛假陳述有下述特徵：

(1)不合邏輯

除非經過事先的排演，人們說的謊言乍一聽往往沒有問題，但禁不起仔細推敲，總是會出現這樣那樣的紕漏，即便在故事的完整性上、連貫性上無懈可擊，也可能在別的地方上出現邏輯不符的情況。如《十二怒漢》中的那個老先生，堅信自己在十五秒之內走到門口，看到了殺人男孩下樓去。但事實上，一個跛腳的老人根本不可能在十五秒之內走完三十多公尺的距離。

亞伯拉罕．林肯（Abraham Lincoln）是美國第十六任總統，他頒布了《解放黑奴宣言》（The Emancipation Proclamation），是一位非常受人尊敬的總統，在當選總統之前，他當過律師。

有一次，一個叫阿姆斯特朗的青年被人誣告為圖財害命。小伙子有口難辯，被判定有罪。

阿姆斯特朗的父親生前是林肯的好朋友。可以說林肯是看著阿姆斯特朗長大的，他熟悉這位老朋友的兒子的為人，向來忠厚老實，不可能做出這種傷天害理的事來。他主動要求擔任阿姆斯特朗的辯護律師，認真查閱案卷，到現場調查，很快掌握了全部事實。他斷定阿姆斯特朗是受人誣陷而蒙冤受屈的。他要求法庭重新審理這個案子。

法庭礙於林肯的名望，同意重新開庭審理。

打蛇打七寸，要推翻這個案子該從什麼地方著手呢？林肯研究了全部案卷之後，已經胸有成竹：這個案子的關鍵就在作證人福爾遜身上。因為他一口咬定，在十月十八日的夜半月光下，他在一個草垛後面，清楚地看見阿姆斯特朗開槍把人打死了。這個鬼迷心竅的證人肯定是被誣告人收買了。

林肯決定從這個福爾遜身上打開缺口。

「福爾遜先生！」法庭上，林肯直接質問這位證人，「你敢當眾發誓，說在十月十八日的月光下看清的是阿姆斯特朗，而不是別人？」

「是的，我敢發誓！」福爾遜說。

「你站在什麼地方？」林肯問。

「草堆後面。」

「阿姆斯特朗在什麼地方？」

「大樹下。」

「是草堆西邊的那棵大樹？」

「是的。」

「你們兩處相隔二、三十公尺，你能認清嗎？」

「看得很清楚，因為月光很亮，正照在他臉上，我看清了他的臉。」福爾遜說。

「你能肯定是十一點嗎？」

「完全可以肯定。因為我回到屋裡時，看過時鐘，是十一點一刻。」福爾遜說得毫不含糊。

林肯正氣凜然的目光突然離開福爾遜，把臉轉向大眾，莊嚴宣布：「我不能不告訴大家，這個證人是個徹頭徹尾的騙子！」

這個意外的結論，頓時把法庭上的人都鬧愣了，包括主審法官，都感到十分突兀。有人高聲提出質問：「律師說話要擺事實講道理，你根據什麼得出這樣的結論？」

林肯回答道：「證人發誓賭咒，說他十月十八日晚上在月光下看清了阿姆斯特朗的臉。可是，十月十八日那天應是上弦月，十一點時月亮已經落下去了，哪裡還有什麼月光？再退一步講，就算月亮還沒有落下去，還在西邊，月光也應該從西往東照。而遮擋著福爾遜的草垛在東邊，阿姆斯特朗站在西邊的大樹下，如果阿姆斯特朗的臉面向東邊的草垛，也就是背對月亮，臉上就不可能照到月光；如果他不是面向草垛，證人又怎麼能從二、三十公尺遠的地方看清被告人的臉呢？福爾遜說什麼『月光很亮，正照在他臉上』，還不是一派謊言嗎！」

(2) 有序敘述

在日常生活中，人與人之間的話語交談像漫過草地上的水一樣，到處流動，而不是嚴格按照事情的「開始——中間——結束」的方式呈現，而且在重複講述的時候可能還會出現不一致的地方。相反，如果他在敘述時線性呈現，那麼他的陳述就非常值得懷疑了。質而言之，一個講真話的人是不那麼在乎事情的發展順序的，倒是說謊的人，他必須時刻模仿著像在講真話。中國有句俗話「他說話簡直像背書一樣」，言下之意，他說的話可能是假的。

不信，你在你的朋友身上試試，問他們兩天前的晚上從離開辦公室到上床，他們做了什麼，他們在敘述過程中難免會犯幾個錯誤。

記住一個時間段的所有細節和順序是很困難的。人們很少能記住所有發生的事，他們通常會反覆糾正自己，把思緒理順。所以他們會說：「我回家，然後坐在電視前——噢，不是，我先給我母親打了個電話，然後才坐在電視前面的。」但是說謊者在陳述時是不會犯這種錯誤的，因為他們已經在頭腦的假定情景中把一切都想好了。他們絕不會說「等一下，我說錯了」，不過，恰恰是在陳述時不願承認自己有錯暴露了他們。

(3) 缺乏細節

謊話之所以是謊話，是因為它是一個虛假陳述，是基於想像創造的話語，所以一直在模仿日常經驗。但由於缺乏真實體驗，儘管看起來像真的似的，往往是概述式的模糊的描述，而缺乏個性化體驗的細節，總愛使用「總是」「從不」「每個人」等語言。比如，一個人如果沒去過動物園，那麼陳述可能就是概述性的，說獅子如何、老虎如何，都缺乏細節的呈現，而一個去過動物園的兒童則會說：「啊，那狐狸真臭！」「河馬醜死了，一點都不可愛！渾身都是泥。」

(4) 陳述過多

為了使謊言看起來像真的，說謊者往往在回答問題時陳述過多，添油加醋地加上一些東西。比如下面這段對話：

「你一定去過中國的很多地方吧？」

「是的，我去過中國的三十多個省市，從東到西走了很多地方。但是我沒去過北京，北京太現代了，跟我們的城市沒什麼區別。那裡污染很嚴重，我討厭污染，還有，是個人太多的地方。」

在這個情境裡，問話者提出的只是一個隨便的問題，並沒有要求具體回答，但是說話者回答了好多。一個比較合理的解釋是：他想掩飾什麼。

四、表達策略

(1) 間接回答

當你問了一個問題，對方沒有直接回答，那他極有可能是在說謊。比如你問：「你的報表做完了嗎？」對方回答：「你今天怎麼這麼早啊。」當對方本應直接回答你的問題時，卻忽視你的問題故意不答時，他不是在試探你是否知道實情就是在岔開話題，以免你繼續追問下去。有時不願意正面回答，是為了避免說話中露出馬腳，如當斯塔爾小組就陸文斯基（Monica Lewinsky）的證詞是否屬實詢問比爾．克林頓時，克林頓沒有直接回答「是」或「不是」，而是說：「我在我前面的陳述中已經說過了。」

(2) 故意拖延

故意拖延是說謊者常用的一種談話策略。當說謊者頻繁地使用嘆詞停頓過長，如「哦……」，通常表示他們在構思應對策略。有時會是下面句式：

「問得好！」

「你可以說得更具體一點嗎？」

「呃，你對，事情不是你想像的那樣。」

「我給你講個故事……」

「可以再給我講一遍嗎？」

(3) 重複表達

重複是故意拖延的一種特殊表現形式。如果你問了一個問題，對方沒有馬上回答，而是重複你的問題之後再回答，那麼，他就極有可能在拖延時間說謊了。例如：

問：「你一般都用什麼牌子的洗面乳呀？推薦一下吧。」

答：「洗面乳？洗面乳？洗面乳嗎？我……我用的是ＸＸ牌。」

這種情況下，她可能沒有說實話。不過，如果她只是部分複述「我？用什麼牌子的？ＸＸ牌的」，只是表明她在思考，而不能判斷為說謊。

還有一種是，在回答提問時生硬地重複也是典型的撒謊：

問：「你去過她家嗎？」

答：「不，我沒有去過她家。」

(4) 強調表達

有時候，說謊者為了使謊言看起來真實可信，通常會增加一些肯定的修飾，甚至發誓賭咒之類，這時你就要注意了，他有可能是在說謊——雖然生活中，這可能是一些人的口頭禪，但卻往往為說謊者所利用，使他們盡可能看起來誠實正直。一個知悉事情真相的人一般不用這樣強調自己的陳述，他只需要如實地把事情講明白就行了：

「坦白地說，我真不知道他是怎麼混進來的。」

「實話跟你說，那簽名是威爾遜代你簽的。」

「我是一個老實人。」

「我偷偷跟你說，這個產品老闆可以賺30%。」

「我發誓，我講的話是真的。」

「上帝證明，我沒有說謊。」

(5) 假裝失憶

人們可能記不得生活中的日常瑣事，諸如昨晚在超市都買了什麼，但很少忘記人生中發生的重大事件，比如一個人不會忘記自己妻子的姓名，在哪一年結的婚。如果一個人對比較重要的事不假思索地回答「我不記得了」「我想不起來」之類，就有可能是在說謊。如水門案中，尼克松的「我記不清楚」的回答。因為一個人如果真的想不起來某件事，通常會停下來仔細想一想。誠實的人一般會回答「我不知道」。

五、語法特點

謊言的言語形式並無特殊之處。它們都是正常的語句或語段，在語言的表現形式上是沒有破綻的，它們的形式是符合語法與邏輯結構規律的。事實上，謊言由於其欺騙的目的，都是經過充分思考而產生的，都有一個自圓其說的過程，一般都不會在形式上出現破綻。但是說謊者由於擔心謊言被揭穿，受情緒、心理等因素的影響，還會無意識地在語言上留下一些不同於正常的表達，至於沒有經驗的說謊者，撒謊時暴露的語言破綻就會更多。

(1) 迴避代詞

英國赫特福德郡大學（University of Hertfordshire）的心理學教授理查德・魏斯曼（Richard Wiseman）說：「人們在說謊時會自然地感到不舒服，他們會本能地把自己從他們所說的謊言中剔除出去。比如你問你的朋友他昨晚為什麼不來參加訂好的晚餐，他抱怨說他的汽車拋錨了，他不得不等著把它修好。說謊者會用『車壞了』代替『我的車壞了』。」這是因為，為了竭力使自己同謊言保持一定的距離，說謊者在敘述他們的故事時都會下意識地避免使用第一人稱「我」這個代詞。

所以，如果你向某人提問時，他總是反覆地省略「我」，他就該被懷疑了。反過來說，撒謊者很少使用他們在謊言中牽扯到的人的姓名。一個著名的例子是幾年前，美國總統比爾・克林頓在向全國講話時，拒絕使用「莫妮卡」，而是「我跟那個女人沒有發生性關係」。

(2) 嘆詞過多

如果一個人談話中嘆詞過多，也可能在撒謊。比如經常使用「啊」「嗯……」「哦」「唔……」之類，這絕對不是正常談話的方式，撒謊的人使用嘆詞停頓故意拖延，是為了給自己爭取時間去思考如何回答問題，或者編造一個可接受的答案。

(3) 否定句式

受到質疑時，誠實的人一般會直截了當地否定，回答乾脆利落，「沒有」「不是」，語速正常。說謊的人有時也會採用斷然式的否定，但接下來的解釋會很慢，因為他在思考，如何編造一個合理的理由說清楚這件事。

大多數情況下，人的本能促使人在說謊時使用完整的否定，以便更早跟欺騙撇清關係。比如妻子問有外遇的丈夫：「你去了威尼斯？」「我沒有去過威尼斯，也根本不認識什麼叫莫妮卡的女人。我一直在羅馬。」再如警察問：「你偷錢了嗎？」嫌疑人：「不，我沒有偷那筆錢。」正常的回答是「沒有」。

(4) 被動句式

說謊者有時為了急於從質問或嫌疑中脫身，敘述時傾向於使用被動時態，被動語態讓人感覺當事人與此事無關或者不是行動的主體實施者。如一個嫌疑人在描述一場搶劫案時說：「經理被那人用槍指著頭！」「他被那個黑人用槍打死了。」「強姦是約翰幹的。當時我只是在旁邊看著。」

(5) 反問句式

反問是一種防禦型表達，當謊言被發現或者被激怒時，說謊者會自動進入防禦機制，同時進行反擊。

「你難道不相信我？」

「這還有假？」

「難道我作為公司的總經理，還會在這事上對你撒謊上嗎？」

「你以為你是誰？怎麼可以這樣跟我說話？」

當真相有可能被揭開，說謊者往往以此來掩飾謊言穿幫的窘境或者達到繼續欺騙的目的。與此類似，說謊者有時採用疑問句的方式，以退為進：

「你以為呢？」

「你這是聽誰說的？」

「對此，你怎麼看？」

「我需要解釋一下嗎？」

六、語言漏洞

一個口若懸河、頭頭是道的騙子，可能精心設計了場景、台詞、故事情節，陳述聽起來沒有任何問題，在邏輯上也無懈可擊，但是語言上的先驗規則有可能會出賣他。

(1) 語法錯誤

所謂語法，就是我們說話時必須遵守的習慣，它是客觀存在的，而不是語言學家事先規定好的。儘管平時我們說話可能會省略一些詞語規則，但大體上不會出現原則上的錯誤。如不可能將將時態搞錯，也不會出現明顯的詞語誤置。

一九九八年一月二十一日，克林頓在性醜聞爆發後接受了吉姆・萊勒（Jim Lehre）的採訪。吉姆問道：「你有沒有跟這位女士發生性關係？」「沒有性關係——絕對沒有（There is not a sexual relationship —— that is accurate）。」克林頓否認了這個問題，但是他把「no」說成了「not」——語言出賣了他。

如果一個人說話時突然改變了動詞時態，那麼他就有可能在說謊。對於一個誠實的人來說，描述過去的事，他會自然而然地使用過去式。而對說謊者來說，他必須編造過去的事情，然後再用過去的時態說出來，這樣謊言才不至於穿幫。因此，這就要求說謊者必須在頭腦裡來回進行時態轉換。對於大多數人來說，在過去和現在之間成功轉換時態並不是難事，可是並不能保證所有的話語都能夠轉換成功，例如當警察詢問一個涉嫌在爆炸現場趁機渾水摸魚偷錢的店員時，他是這樣描述的：「當時我正在關（closed）抽屜，忽然聽見（hearing）轟的一聲巨響，好像是炸彈爆炸的聲音，我嚇得趕緊拔出（drawn）鑰匙跑了出來。」店員的這段陳述既有過去時態又有現在時態，非常值得懷疑。

(2) 語句不流暢

當然，單憑語句不流暢不能認定一個人在說謊。事實上，在日常生活中，大概有30%左右的人有語言溝通障礙，在一個人的談話中，也有將近20%的部分不夠流暢。一些毫無意義的語氣詞、突然闖入的一個電話、冷場等等，都會打斷人們正常的交流。

但是當一個人的話語停頓出現次數過多，經常會有一些語意的轉折，說話開始磕磕絆絆，並伴隨著大量無意義的嘆詞「嗯」「啊」「哦」之類時，那就要引起注意了。特別是在回答問題時，如果出現過多的猶豫，則可表明他在思考，可以視之為說謊的一個線索。

面對提問，誠實的人的回答可能比較直接，因為他知道自己想要表達什麼，基本上不需要思考，如：

「我是乘火車去波士頓的。」

「昨晚我們在聖菲索亞餐廳用的餐。」

「你有什麼要求，儘管提吧？」

「不，我們之前從沒有見過面。我不認識她。」

但是一個試圖說謊的人則有可能在陳述這些正常的問題上出現停頓或者放慢語速，為進一步編織語言留下時間，如一個試圖對妻子掩飾婚外情的男人在回答妻子的問詢時，可能會這樣陳述：

「不，（停頓）我們之前從沒有見過面。（停頓）我不認識她。」

當回答出現拖腔時，也值得引起注意，這裡面可能暗藏著欺騙的玄機：「不——我們之前從沒有見過面。我——不——認——識——她。」

(3) 口誤

口誤（Slip of the tongue）是指人在說話時出現的言語錯誤，或在一個語句中出現主謂語的錯位情況，或者是一個語句中有讀音相似的文字時出現誤讀。口誤可能僅僅是一個人的無心之失，不過現代心理分析學家認為，事情可能不是我們想像的那樣簡單，口誤可以揭示人們內心深處的某些秘密。風靡全球的《六人行》（Friends）中有一個經典的口誤情節：Ross 和 Emily 在倫敦一個教堂舉行婚禮，在悠揚的英格蘭樂曲中，Emily 跟著牧師宣誓：「我，Emily，將把Ross當成我的合法丈夫，無論貧窮與富有，健康與疾病，都將廝守一生！」輪到Ross宣誓：「我，Ross，將把Rachel——」在場親友頓時大驚失色——Ross居然把Emily的名字錯說成原來的戀人Rachel！

奧地利精神分析學家佛洛依德（Sigmund Freud）是研究人的潛意識方面的權威，開創了精神分析學派。他認為任何事情的發生都不是偶然的，每一種行為、思想和情感的背後有其原因。我們的所做、所思、所說和所感都是心理意識、潛意識、前意識的表現。他在《日常生活的精神病理學》（Psychopathology of Everyday Life）中指出：「口誤、瞬間忘記熟知的名字、誤讀、筆誤等日常的小問題絕非是偶然的，而是有跡可循的，它們顯示了某種內在心理的存在。」我們生活中充斥著大量這樣的例子，如喊錯名字、顛倒詞語等。德克薩斯州的共和黨議員麥克·阿梅爾（Michael Amell）曾把麻薩諸塞州的國會議員Frank喊為Fag（俚語，男同性戀的意思），這樣的口誤往往會讓人覺得尷尬。大多數這種錯誤都會被人當做無心之失，然而佛洛依德卻不這樣認為，他認為，這正好反映了人內心的真實想法，「一些成為線索的話在無意間溜出了嘴就是一種典型的自我招供。口誤之所以會不自覺地說出來，與撒謊者想說卻說不出口的壓抑有著某種藕斷絲連的聯繫。」

口誤廣泛地存在於我們的日常語言中，「即使是一個多麼小心謹慎的撒謊家也難免口誤」（佛洛依德語）。口誤有助於我們判斷對方是否在說謊，但我們並不能就此斷定說話者是在說謊，這還需要結合具體的語境具體分析。因為，造成口誤的原因還有很多種，除了說謊所帶來的潛意識投射外，情緒緊張、語速過快、對所說內容的不熟悉等等，都有可能造成口誤。

第四章
非語言線索

一、辛普森的表情

一九九四年六月十二日晚上十一點三十五分左右，洛杉磯市蒙塔納大街（Montana）的居民施瓦布（Schwab）在外出散步時發現了一條秋田犬，他將這條狗帶回家後又交給了鄰居博茲泰佩（Boztepe）。隨後不久，博茲泰佩同太太帶著這條狗外出尋找它的主人，在狗的牽引下他們最終來到了南邦迪大道七十五號，在那裡博茲泰佩夫婦發現了一具橫躺在地上的女屍，他們認出了女屍是妮可．布朗．辛普森（Nicole Brown Simpson），於是立即報了警。

警察來到現場後，又在房間內發現了另一具屍體，此人名叫羅納德．戈德曼（Ronald

Goldman），是妮可的男友。二人都死於利器刺傷，妮可的兩個孩子西德尼和賈斯汀，正在樓上的房間內熟睡。妮可咽喉部被刺中多刀，幾近斬首，脊椎也幾乎斷裂，臉部浮腫。

凌晨五點，四名警察離開謀殺現場，驅車前往位於北羅金厄姆大街六十號的辛普森住宅問詢受害人情況。辛普森（Orenthal James Simpson）是妮可．布朗．辛普森的前夫，著名的黑人橄欖球明星，不過二人已於兩年前離婚了。他們按大門口門鈴，沒有反應，打電話進去，也沒有人接。這時，他們發現，在離大門口不遠的路邊靠辛普森住宅一側停著一輛白色的「野馬」牌吉普車。駕駛座一側的車門上有血跡。經過商量，探員馬克．福爾曼（Mark Fuhrman）越牆而入，打開大門，四名警察徑直來到房間內，他們叫醒了還在熟睡的辛普森的女兒阿內爾，並開始在宅內四處尋找證據。萬納特離開現場前往洛杉磯市法院取搜查證。福爾曼在客廳外牆與內牆之間發現了一隻浸滿血污的、棕色的右手皮手套。

而此時在芝加哥某酒店的辛普森，接到了警方通知前妻死訊後，一清早就立即匆匆趕回加州。回來後辛普森在律師極力反對下單獨接受了警察一小時的問話。當時警察發現辛普森受傷。他解釋說，接到前妻死訊過於激動打破鏡子而受傷的。四天後，警方公佈了驗屍報告：三十五歲的妮可喉管被切斷，二十五歲的戈德曼頸部的正面和背面、胸部、腹部和大腿上的刀傷達二十二處。化驗結果表明，在辛宅發現的那隻血手套上的血型與被害者的血型相同。據此，洛杉磯地方檢察官指控辛普森犯有雙重謀殺罪，並向辛普森發出了正式傳訊通知。

六月十七日，辛普森的律師準備陪同辛普森回警察局時，發現本來在樓上休息的辛普森已不知去向。隨後全國觀眾在電視上看見了平時只能影視劇裡見到的鏡頭：天上直升機隊、地上巡邏車隊全面出動，幾小時後終於發現了辛普森的白色小車。幾十輛警車在洛杉磯公路上展開追逐。最後辛普森被捕。

六月二十三日正式審判開始，在開庭陳詞時檢方指控辛普森預謀殺妻，作案動機是嫉妒心和占有欲。離婚之後，辛普森對妮可與年輕英俊的男人約會非常吃醋，一直希望破鏡重圓，但希望日益渺茫。案發當天，在女兒的舞蹈表演會上妮可對辛普森非常冷淡，使他萌動了殺機。戈德曼則屬於誤闖現場，偶然被殺。在整個審判過程中，根據律師的建議，辛普森依法要求保持沉默，拒絕出庭作證。七月二十三日辛普森第二次庭審時，辛普森表示，自己「絕對，百分之百的，無罪」。

一九九五年，長達一百三十四天的對辛普森的刑事訴訟開始，全程電視直播。檢方呈庭的重要證據之一是血跡化驗和 DNA 檢驗結果。刑事專家一致同意，血跡化驗和 DNA 檢驗的結果不會撒謊。檢驗結果表明，所有疑點都聚集在辛普森一人身上。但是，辯方陣營認為這些「血證」疑點極多，破綻百出。首先，襪子上的血跡非常奇怪。辯方專家指出，這只襪子兩邊的血跡竟然完全相同。根據常識，假如襪子當時被穿在腳上，那麼襪子左邊外側的血跡絕不可能先浸透到左邊內側，然後再穿過腳踝浸透到右邊內側。只有當血跡從襪子左邊直接浸透到右邊時，兩邊的血跡才會一模一樣。換言之，血跡很有可能是被人塗抹上去的。辯方駁回了控方的證據。

檢方呈庭的重要證據之二，是福爾曼在辛普森住宅客房後面搜獲的黑色血手套。可是，這只血手套同樣疑雲密布。最後，為了證實辛普森是兇手，檢方決定讓他在陪審團面前試戴那隻沾有血蹟的手套。在法庭上，辛普森先帶上了為預防污損而準備的超薄型橡膠手套，然後試圖戴上血手套。可是，眾目睽睽之下，辛普森折騰了很久卻很難將手套戴上。觀看直播的觀眾們注意到——這時，辛普森一邊嘴角明顯上揚了一下，眼睛充滿了蔑視。

十月三日下午一點，加利福尼亞州最高法院開始辛普森案的終審宣判。法庭內氣氛緊張，全體起立後，伊滕法官提醒緊張異常的辛普森：「辛普森先生，請你面對陪審團站立。」辛普森木呆呆地轉過身子。當聽到「無罪」兩字的一剎那，辛普森嘴角又輕輕地上揚了一下，然後露出了笑容。原告席上則迸發出傷心的哭聲。戈德曼的父親含著淚說：「我深信今天是我們國家的失敗，因為正義沒有得到伸張。」

辛普森案當年轟動美國，通過電視直播審判，引起了全國人的關注。克林頓總統推開了軍機國務；國務卿貝克推遲了演講；華爾街股市交易清淡；長途電話數下降了58%，人們甚至推遲了洗澡時間——國居民用水量有所下降。數千名警察全副武裝，如臨大敵，遍布洛杉磯市街頭巷尾。CNN統計數字表明，大約有一億四千萬美國人收看或收聽了「世紀審判」的最後裁決。

美國著名身體語言專家、前 **FBI** 神探喬．納瓦羅（Joe Navarro）在觀看了審判直播之後分析說：「辛普森多次出現一邊嘴角輕輕上揚的表情，目光充滿蔑視，潛台詞是說：『就憑這些，你們敢定我罪？』」喬解釋道：「一邊嘴角輕輕上揚代表蔑視、看不起，他的表情是不會說謊的，如果真是他幹的，他不可能偽裝出這種表情。我在FBI時，審問嫌疑人常常通過翻譯身體語言來解決特殊案件。」果不其然，二〇〇八年十月，當辛普森因其他案件被判監禁時，這種表情就再也沒有在他的臉上出現過。

二、非語言行為與洩密

喬·納瓦羅解讀辛普森案時使用了非語言交流分析法。所謂非語言溝通是指通過表情、笑聲、肢體動作、體態、空間距離等方式交流信息、進行溝通的行為。在人際溝通中，信息的內容部分往往通過語言來表達，而非語言則作為提供解釋內容的框架，來表達信息的相關部分。對於語言符號來說，非語言符號能夠起到補充、強化、重複、強調、調整的作用。而且非語言符號能夠表達複雜的、無法言表的感情和信息，在我們的日常交際中，大約有65%的交流信息通過非語言符號傳遞，一個典型的例子是：人在性愛時，雙方90%以上的交流都是非語言行為，非語言行為能夠表達言語符號無法表達的意思。

非語言溝通是一種連續的溝通行為，通過聲音、視覺、嗅覺、觸覺等多種渠道傳遞信息，絕大多數是無意識的習慣行為，因此能夠真實地反映一個人的思想、感覺和意圖。一個人可以在語言上撒謊，但身體往往比任何話語都誠實。而在日常的人際溝通中，人們也更傾向於選擇相信非語言行為。加利福尼亞大學洛杉磯分校（University of California，Los Angeles）社會心理學家阿爾伯特．梅拉賓（Albert Mehrabian）在二十世紀六〇年代末開展了一項研究。梅拉賓發現，當人的語氣和表情傳達的情緒訊號跟語言傳達的信息不同（比如面帶微笑，用積極的口吻說出「殘酷」二字）時，人們往往會更相信非語言線索。通過這些實驗，梅拉賓計算出，大約只有7%的情緒訊號來自於我們使用的言辭，38%來自於我們的語調，另有55%來自於非語言線索。

比起語言行為來，非語言行為往往更能揭示事情的真相。這是因為，精明的說謊者在說謊之前，通常把精力用在編造言辭和故事情節上，而很少排練非語言行為。一方面是說謊者可能事前根本沒有思考過這個問題——比如說謊時，手該放哪？腳放哪？眼神什麼樣？用什麼表情？另一方面，人的情緒與生俱來，受情境環境制約，確實無法偽造。戈夫曼（Erving Goffman）提到，非言語行為在表達情緒方面特別有力，並且因為它不像語詞那樣容易控制，它傳達的信息也更為真實。演員的表演是非常好的例子，他們努力的一個重要方面，就是提高控制非言語表達的能力，以傳達那些通常在不能控制的條件下表達的感情。熱播劇《別對我撒謊》（Lie to Me）裡有個橋段真實地說明了這一點：

傑克遜高中的一位女老師遇害了，嫌疑犯是該校六年級的學生詹姆斯。有人看到詹姆斯在女老師遇害之前從女老師家裡慌張地跑出來，測謊儀的測謊結果也顯示「詹姆斯說自己沒殺人」是在說謊。但是他的父母堅決不相信詹姆斯會殺人，他們抱著最後一絲希望請來了卡爾。當卡爾問詹姆斯案發之前有沒有去過女老師家的時候，詹姆斯沒有躲避卡爾的眼睛。卡爾說他在回憶，這是撒謊的一種表現，而當卡爾問詹姆斯對女老師的死有何感受時，他的眼光暗了下來，臉上閃過一絲悲傷的表情。卡爾從中推斷詹姆斯確實去過女老師家，但他非但不是殺人兇手，而且對這個女老師有非同尋常的感情。果然在後來的調查中發現，這個女老師是因為發現了校長的醜聞而被校長殺害，而詹姆斯是因為暗戀自己的女老師才去她家偷窺她。

三、說謊、情緒和表情

在第二章裡我們談到謊言的特徵時，提及人在說謊時會湧現出三種不同的情緒：擔心被識破的恐懼感、說謊的罪惡感以及欺騙人的快感。而情緒往往會成為洩露說謊者的線索之一。

情緒是人類與生俱來的東西，生物學和心理學的研究表明：出生於任何地方的人都有基本情緒，主要包括恐懼、生氣或憤怒、悲傷、愉悅、驚奇、厭惡和蔑視。這些情緒都有其特定的生理機制和對應表情，引起這些情緒的情境在世界各地都是相同的。比如，悲傷都和喪失感有關，生氣都與受到侮辱或不公平的知覺有關。

情緒是由生理喚起、認知解釋、主觀感覺和行為表達四部分組成的心理過程。生理喚起是指情緒產生的生理反應，不同情緒的生理反應模式是不一樣的，如恐懼或憤怒時心跳加速、血壓升高、呼吸頻率增加甚至出現間歇或停頓；認知解釋就是對時間和感覺的解釋；主觀感覺是個體對不同情緒的自我感受；情緒的外部表現通常稱為表情，包括臉部表情、姿態表情和語調表情。下面，讓我們以狗吠為例來說明恐懼這種情緒的生理機制。

假如有一條狗狂叫不止，你被這氣勢洶洶的狗給嚇壞了。恐懼反應的生理組成部分會發出警報，這一警報同時通過植物性神經系統和內分泌系統向全身廣播。結果你的內臟各系統就會做出相應的反應，你胃部的血液會被排空（所以在害怕或緊張時我們會覺得腹部有抽緊的感覺），我們臉部的血管會收縮（所以害怕會讓人臉色白）。

情緒的第二個組成部分是對事件和感覺的解釋，在解釋的過程中，你會有意識或無意識地認識到情況很危險，並會因此而感到害怕。實際上，你對危險情況想得越多，你就會變得越害怕，隨後這些想法會把你的主觀感覺和生理反應提升到新的高度。

情緒的「感覺」組成部分有兩個來源：一是大腦喚起身體對狀態的感覺；另一個則是有關過去相似情況下身體狀態的記憶。所以當你碰到一條亂叫的狗時，你的大腦也許會回憶以前碰到惡狗時的感受。

最後、情緒還能產生行為。當碰到兇猛的狗以後，你可能會做出「或戰或逃」的反應，會做出恐懼的臉部表情，還會哭，會大喊大叫。憤怒的反應往往會引發不由自主的動作，如揮舞拳頭，或伸出中指。由於在這些情況下情緒會引發和引導我們的行為，所以情緒可以作為動機發揮作用。

我們每個人都有自己的情緒，但每個人對同一情緒的體驗是不一樣的，例如喪失父親，丈夫的悲痛和妻子的悲痛肯定是有所不同的。那麼人類這些共同的情緒中是否具有同一的特點呢？加利福尼亞大學心理學家保羅．艾克曼（Paul Ekman）教授在這方面做出了卓越的貢獻，他在名著《情緒的解析》（Emotions Revealed）一書中總結了情緒的一些共同特徵：

我們通常都會有一種感覺，一些體會，並且能夠意識到他們的存在。

一次情緒化的狀態有時很短暫，只持續幾秒鐘，有時又會很漫長。當它持續數小時以上的時候，就變成了一種心境而不再是情緒了。

它一定是和某些事情有關，引起了我們的注意的。

當情緒發生時，我們經歷了它們，這是不能自由選擇的。

評估過程中我們不斷對周圍和自己有關的事物進行分析和判斷，這些行為都是自動的。除非評估的過程很長，否則我們不會意識到自己正在進行評估。

最初的時候會出現一個不反應期，其間我們記憶中的知識和外界的信息得到過濾，我們所能觸及的只是支持當時的情緒反應的內容。不反應期可能只出現幾秒鐘，也有可能持續更長時間。

一旦最初的評估過程結束，情緒出現了，我們就能夠意識到自己的情緒化了。意識到這一點之後，我們就能控制自己的情緒，並且對當時的情況進行重新評估。

既存在反映了人類進化歷史過程的共同情緒主題，也有因我們的個人經歷不同而產生的反映了各地文化差異的主題變體。換言之，導致我們產生各種情緒的原因，既有在人類祖先的生活中積累下來的經驗，也有我們在自己的生活中經歷過的事情。

對於某種情緒的渴望或者逃避激勵著我們的各種行為。

一個有效的訊號——清晰、迅速，並且是人類共有的——能夠把一個情緒告訴別人。

簡而言之，情緒具有自發性、不可控性、無意識性、人類共通性、以個體為中心性和短時性。因其自動自發、無意識性，為我們通過情緒識別謊言提供了可能；因其個體的差異性和短時性，又為通過情緒識別謊言增加了不少難度。

四、觀察臉部表情

(1) 臉部表情

臉部是最容易觀察人情緒的人體部位，通常也是情緒顯露最明顯的地方。一八七二年，達爾文發表了《人類和動物的表情》（The Expression of the Emotion in Man and Animals）一書，他在書中宣稱，人類的表情如微笑、皺眉與鳥受驚時翅膀的擺動、狼受到威脅後的咆哮類似。他認為，人類表情和動物表情有著一定的連續性，它們是進化過程中適應性動作的遺留，具有適應性和信息傳遞的功能。動物們產生表情不是為了好玩，而是為了適應環境；動物遇到敵害時，會露出尖牙，顯得威風凜凜，敵人見狀便不敢上前。有時動物在白天廝打起來，因為陽光耀眼，就皺起眉頭來擋住點陽光，以便看清對方的一舉一動。而人類的表情正是由動物表情進化而來的，所以人類發怒時，也會咬牙切齒、橫眉豎目，這是從動物進化而來的。正因如此，人類表情才有這麼驚人的一致性。

達爾文的觀點在現代科學的研究中得到了印證和發展。例如，伊扎德（Izard）曾指出：情緒在適應和生存上起著核心的作用，具有適應性和機動性；情緒的發展和種系的進化是互相平行的。他尤其強調臉部表情的作用，其有力的證據是：比較解剖學和比較心理學研究證實了脊椎動物某些等級的種系中，以行為尤其是臉部活動為手段的通信活動起著日益重要的作用。例如，羅猴已具有各種可區分的臉部肌肉運動，而猿類有了更多的臉部肌肉的分化，並表現出與其身體動作相對獨立的臉部表情模式，如憤怒、害怕、快樂、悲傷。這說明臉部肌肉系統的分化和情緒的分化是一致的，也意味著臉部表情作為有機體，在種族進化中適應生存的產物和手段已經在神經、肌肉組織中程序化，從而在進化和變異中保存下來，並被假設儲存在背部下丘腦，成為腦的程序化的先天特性和反應模式（Izard，一九七七，一九七八）。

加利福尼亞大學（University of California）心理學家保羅・艾克曼（Paul Ekman）和他的同事們則從實證方面提供了更多有力的證據，在對美國、日本、巴西、德國、中國香港、蘇格蘭、土耳其等不同國家和地區的不同族群進行研究的基礎上，概括出生氣或憤怒、高興、恐懼、驚訝、厭惡、悲傷和蔑視七種臉部表情[12]，這些表情廣泛地存在於不同族群中間，他們中的大多數人都能辨認出他們文化中的臉部表情。艾克曼還分析了蓋杜謝克（C·Gajdusek）在二十世紀五〇年代至六〇年代所拍攝的關於新幾內亞兩個未進入文化的民族在接觸外界社會以前的長達十萬英尺的影片，發現這些民族在影片中顯示的臉部表情都是在其他民族中見過的。這些民族的語言與其他民族不同，但是他們的臉部表情與其他民族十分相似。艾克曼認為，臉部表情和語言不同，我們可能不懂異族的語言，但是，他們的表情是可以理解的。

12 當然，人的情緒遠不止這些。除了這些外，人的情緒還有如羞愧、內疚、尷尬等。一個可能的解釋是因為這些情緒缺乏能夠與其他情緒明確區別開來的表情符號，因此暫時無法納入臉部表情研究。

不同文化背景下的人對臉部表情判斷的正確率（%）

表情／測試者	愉快	厭惡	驚奇	悲傷	憤怒	恐懼
美國 (99)	97	92	95	84	67	85
巴西 (40)	95	97	87	59	90	67
智利 (119)	95	92	93	88	94	68
阿根廷 (168)	98	92	95	78	90	54
日本 (29)	100	90	100	62	90	66

人類七大基本表情特徵	
憤怒	眉毛下拉，上眼瞼上揚，下眼瞼緊繃，嘴唇咬緊
愉快	嘴角上揚，眼瞼收縮，出現魚尾紋
驚訝	眉毛上揚，眼睛睜大，嘴巴張開
恐懼	上眼瞼提升，眼睛睜大，下巴打開，嘴唇橫向張開
悲傷	嘴角下拉，臉頰向下傾斜，上眼皮下垂
厭惡	鼻子緊皺，臉頰上提，上嘴唇上提
蔑視	嘴角上提，不對稱，下巴微提

為了排除被測試者可能有看過電影和電視的經驗，艾克曼在新幾內亞又選擇了從未看過影片、照片和從未見過外國人的民族，做了兩個實驗。一個實驗是給被試者說一個「孩子死亡」的故事，然後讓他們從三張照片中選出一張悲傷臉孔的照片；再述說一個「攻擊事件」的故事，選出一張憤怒臉孔的照片。另一個實驗是給被試者說一個故事，讓他們做出符合故事內容的相應表情。結果發現，他們的臉部肌肉運動模式與文化類型無異。

這表明，情緒具有人類的普適性，為此，艾克曼和他的研究團隊研發了一種可供識別人類表情的臉部編碼系統（FAST），這一系統能分析識別臉部近八十塊肌肉中的每一塊肌肉以及與各種情緒相關的肌肉組合，當人們試圖隱瞞他們的情感或者假裝做出某種情緒時，他們通常會使用與真實情感不同的肌肉群。例如，當人們假裝悲傷時，只有15%的人使用眉毛、眼皮和前額的肌肉做出恰當的運動，因此，撒謊的情緒就被暴露出來了。

現在讓我們做一個小實驗，通過一些語言提示來感受一下不同情緒的心理體驗：

①憤怒：自己的目的一再受到妨礙而不能達到，屢受挫折，這種妨礙常是故意甚至惡意的。這時常感到周身熱血沸騰，臉上發燒，呼吸加速加深。

「你發現有人總企圖破壞你的事業，妨礙你有所成就。」

「有人侮辱你的人格、你的雙親。」

②愉快：源自刺激的解除或減輕。這種狀態下人們表現出自信、可愛，對環境表示接受、認可、滿意。

「請你想像你接到哈佛大學錄取通知書時的情形。」

「想像你成功地演完一部戲，觀眾向你報以熱烈掌聲時的愉快心情。」

③驚訝：通常源於刺激突然增強，或是預料不到的事情突然發生。

「有一天突然有一個陌生人闖來說要帶你去周遊世界。」

④恐懼：源自實際或想像中的危險，由缺乏應付可怕情境的力量或能力所致。

「想像一頭雄獅突然破籠而出，向你迎面撲來。」

⑤悲傷：與失去你所追求的或重視的東西有關，失去的東西價值越大就越悲哀。這時人們體驗到（由淺至深的）哀愁、灰心、失去自信、孤獨、悲慘。

「想像你失去養了13年的狗。」

「你的母親突然亡故了。」

⑥厭惡：一種很不愉快的情緒，表現為強烈的躲避願望，感到噁心、令人作嘔。

「想像這屋裡有一種你生平最不喜歡的、極難聞的氣味。」

⑦輕蔑：對所面臨的危險、挑戰或某一特定環境、事件表現出敵意而又不屑與之為敵的樣子。一種所謂「冷」情緒。

「想像你生平最看不起的人，一個出賣朋友的卑鄙小人。」

(2) 臉部表情的功能

有意思的是，臉部表情不僅能反映我們的內在情緒，也能影響我們的內在情緒。在臉部反饋過程中，臉部肌肉向大腦傳遞了有關正在表達的基本情緒，如微笑的臉部表情告訴大腦我們很快樂，皺眉的表情告訴大腦我們很生氣或者厭惡。當人們被告知看上去很開心時，他的積極情緒就會增加；反之，相應則會減少。

臉部表情的一個基本功用就是幫助我們向其他人傳達我們的情緒狀態並引起人的反應，比如當我們滿臉愁容、不耐煩的樣子，就是告訴別人：走開！別惹我，沒看見我正煩著呢！達爾文認為，這種訊號作用始於人的嬰幼兒時期，當嬰兒向父母做出痛苦、生氣、沮喪、厭惡、可憐的表情時，父母便會做出撫慰、餵養、擁抱等行為。同時，嬰兒也能呼應成人的臉部表情，當父母餵養嬰兒的表情是微笑的愉悅臉孔時，嬰兒吮吸的時間也會更長。

由於表情的這種外顯功用，人們常常用它表達自己的情感需要，當然，人們也利用它來掩飾自己的情感和表情。在莎士比亞戲劇《亨利四世》（Henry IV）中，那位即將成為理查三世（Richard III）的壞蛋說道：

為什麼，我能微笑，並微笑著殺人？
甘願為令我傷心的一切哭泣，
用虛偽的眼淚浸濕我的臉頰，
在一切場合偽裝我的面容。

(3) 臉部表情的謊言線索

一個說謊者的臉部通常會包含兩種信息，一種是他要表現的，一種是他想要隱瞞的。這些刻意表現或隱瞞的表情是大腦有意製造的產物，需要說謊者竭力控制臉部肌肉動作以阻止真實表情的洩露。但是，由於人的情緒具有無意識、不受控制的特點，表情通常也無法偽裝。因此，在談話中，當一個人的臉部肌肉動作和表情無法匹配時，那麼他就有可能在說謊了。

人的臉部表情所傳達的明確信息可分為「積極的表情」和「消極的表情」兩種，這兩種信息都比較明顯，即使刻意掩飾也會露出一些線索。

我們先來看看消極的表情訊號，如厭惡、反感、恐懼和氣憤等負面情緒通常會在臉上表現得一覽無遺，但是有時人們會習慣性地自動控製表情，甚至裝出和內心完全不符的表情，當然我們仍然可以發現蛛絲馬跡。當一個人出現消極的表情，或者將要出現時，即使是模糊和短暫的，對方也能通過他的臉部肌肉找出線索，如咬肌繃緊、鼻翼擴張、瞇眼睛、嘴巴顫抖、緊閉，嚴重的則會瞳孔收縮、脖子僵硬、頭不動等等。

另一個就是積極的表情訊號。當積極的訊號出現時，人的臉部會出現肌肉放鬆、皺紋伸展、嘴唇肌鬆弛、嘴唇的完整呈現、頭傾向一邊等特點，這時說話者的狀態是放鬆的、舒適的。積極的表情也是掩蓋不住的，即使極力掩蓋也會露出馬腳，因為這是發自內心的、不受抑制的愉悅之感。如一個人買彩票中了大獎，對於這筆意外之財，他太興奮了，但又不想讓別人知道，因此不得不極力抑制住興奮，但他的表情是極不自然的，喜悅是「緊繃」的。他打電話給妻子，雖然他把聲音壓得很低，但他那種極度興奮又刻意控制的表情讓人一下就能發現。心理學上把這種表情稱之為微表情。艾克曼教授的實驗表明，「微表情」最短可持續1／25秒，雖然一個下意識的表情可能只持續瞬間，但它很容易暴露人的真實感受和動機。雖然在人際交往中，我們會忽略「微表情」，但是人的大腦依然受其影響。例如，如果某人很自然地表現「高興」的表情，且其中不含有「微表情」，就能斷定這人是高興的。但是如果其間有「嗤笑」的「微表情」閃現，就算你沒有刻意去察覺，你也會更傾向於認為這張「高興」的臉孔是「狡猾的」或「不可信的」。因此，當說謊者意識到他的某種表情會洩露他的秘密時，就會立即中斷表情，而用其他表情覆蓋。微表情往往稍縱即逝，一旦被打斷，所表現出來的情緒信息將很難再捕捉到。這就是一個值得注意的撒謊線索。

第三個就是表裡不一的表情訊號。一個人高興時臉頰的肌肉會顯得鬆弛，悲哀時會一臉烏雲，但是，人類的心理活動非常微妙，表情也就非常複雜。出於各種原因，撒謊者不會把真實的情緒表現出來，甚至會做出假象讓對方誤解，所以，抓謊者單看臉部是很難判斷的。因為有的撒謊者臉上表現出消極的表情，心裡卻是積極的情緒。很多人一定有過這樣的經歷，當你和朋友玩撲克牌時，即使你的牌不錯，也不會輕易地顯現出得意洋洋的表情。你可能會面無表情或不動聲色，甚至眉頭緊鎖、愁眉苦臉，目的就是讓對手誤認為你的牌很爛，從而掉以輕心。不過，有一種表情很常見，卻很反常。當一個人消極的情緒達到極點時就會很自然地表現出積極的表情，這不需要過分偽裝，卻是典型的「表裡不一型」。有一位專門辦理、調解離婚案的法官曾說：「當一對夫妻間在消極的情況下表現出積極的情感訊號時，他們的婚姻已經無可救藥了。」

安吉拉和妻子近來感情不是很好，生活日漸平淡，彼此都沒有了新鮮感，再加上雙方的工作壓力都很大，所以常常因為柴米油鹽的瑣事吵架。但隨著吵架次數的增加，安吉拉和妻子誰也不再理睬對方，形同陌路。而當父母、親友、同事在場時卻都表現得很恩愛。尤其是妻子，只有在不得不說話時才開口，妻子的臉上甚至還呈現出一種莫名的微笑。安吉拉以為他們的不愉快僅僅是暫時的，慢慢會好起來的。後來，安吉拉和一位心理學的朋友聊天時說了自己的困境。朋友沉默了一會說，他妻子表面上的微笑其實是如同對陌生人，是一種消極情緒到達極點的訊號，其實是在以「平靜的形式」發洩內心的慾望。又因為某種原因，她不得已才維持著表面上的夫妻關係。後來的故事的確證明了這一點。

這種現象可以用佛洛依德的精神分析法（psychoanalysis）解釋：當一個人的本我和社會規則發生衝突時，就會產生焦慮、抑鬱、恐懼等負面情緒，自我便會設法釋放，或否認或歪曲事實，以保護自身免受衝突和焦慮的傷害。佛洛依德及其後來的精神分析家認為這種行為就是防禦機制（defense mechanisms）中的否認（denial）行為，即人們拒絕不愉快的事情發生，拒絕承認自身的問題，他們會保持這種錯覺。安吉拉的故事也告訴我們，不能僅僅根據表象來判斷一個人是否撒謊，我們還需要結合更多的證據來判定一個人的行為。

(4) 左臉比右臉誠實

《別對我撒謊》中的主角卡爾．萊特曼（Cal Lightman）博士說：「我們無需測謊儀，也無須確鑿的證據，甚至無須聲音的辨別，因為在多數情況下單憑細微的表情變化就可以判斷出一個人撒謊與否。即使是在沒有確鑿證據的情況下，你也可以通過撒謊者細微的表情變化做出判斷，最顯著的特徵就是：左臉比右臉誠實，更能道出真言。」這是為什麼呢？

從生理上講，我們的大腦有左右之分，根據大腦分工的不同和差別，右臉流露出來的是理性的訊號，左側流露出的是自身的情緒和感情。科學家研究得出，人的右腦主管形象思維（視覺、繪畫、幾何學、綜合、圖像、直觀感覺等），左腦主管語言邏輯思維（算術、倫理、分析、理論和解析等），而大腦和它所主管身體部位的方向恰好相反，主管情緒和感情的「右腦」的支配範圍是左側身體，主管理性的「左腦」的支配範圍是身體的右側。

因此，一個人的真情實感往往是通過左側臉顯露出來的。研究者又發現，肯定性的情緒出自右側，但基本左右對稱，否定性的情緒則多在左側。

(4) 眼睛與眼神

「眼睛是靈魂之窗」。心理學家的大量科學研究已經證實了這句話的合理性。研究發現，眼睛是透露人的內心世界的最有效途徑。人的一切情緒、態度和感情的變化，都可以從眼睛裡顯示出來。人對自己的語言可以做到隨意控制，但卻很難隨意控制自己的目光。觀察力敏銳的人，可以很好地從一個人的目光中看到一個人內心的真實狀態；可以從一個人的眼睛裡看出對方究竟是真的鎮定自若，還是強裝鎮靜。那些極有經驗的面試官，或是身經百戰的警察，總是能很敏銳地捕捉到對方瞬息萬變的眼神，因為它最能洞察出對方的內心世界。若是對方在撒謊，眼睛就會漂浮不定，眼角會不自覺地往上翹，或者眼睛轉動速度比說話的節奏快。因為他很害怕被對方識破自己的謊言，所以就會不自覺地做出這種本能反應。美國第三十三任總統哈利．杜魯門（Harry Truman）稱尼克松（Richard

Milhous Nixon）是「賊眼溜溜，從來不說實話的騙子」。這個「從來不說實話」的總統，在「水門事件」之後，結束了總統生涯。

現代醫學以及生物學的一些實驗表明，人的主觀意識無法控制瞳孔的大小變化。瞳孔是眼睛內虹膜中心的開口，是光線進入眼睛的通道。它在亮處縮小，在暗光處散大。在虹膜中有兩種細小的肌肉，一種叫瞳孔括約肌，它圍繞在瞳孔的周圍，主管瞳孔的縮小，受動眼神經中的副交感神經支配；另一種叫瞳孔開大肌，它在虹膜中呈放射狀排列，主管瞳孔的開大，受交感神經支配。

當一個人說謊的時候，他的內心難免會有情緒波動，這時交感神經就會起作用，使瞳孔散大、心跳加快、冠狀動脈擴張、血壓上升等，所有這一切變化都是人的主觀意志無法控制的。例如當一名男子面對著心愛的女子時，他可以表面不露聲色，但他的愛意會使得他內心不由自主地產生波瀾，瞳孔也就隨之擴散。

副交感神經系統的作用則是保持身體在安靜狀態下的生理平衡，例如縮小瞳孔以減少刺激、心跳減慢以節省不必要的消耗等。因此，利用瞳孔的這種變化特性，醫學上會用一種紅外瞳孔記錄儀來觀察患者的瞳孔收縮變化，以判斷眼睛有沒有發生病變。

我們可以眼球的運動軌跡察覺出人的情緒變化。神經語言程序學（Neuro-Linguistic Programming，NLP）認為，眼球有六個運動軌跡：右上、左上、右中、左中、右下、左下，每個位置都有不同的意義。右邊代表將來，左邊代表過去，上邊代表視覺，中間代表聽覺，下邊代表感覺、理性思維。因此當眼睛轉向左上方，表示在回想一些視覺上的記憶；眼睛轉向左中方，表示在回想一些聽覺上的記憶；眼睛轉向左下方，表示內心在進行一些理性思考，例如在思考「3＋7＝？」；眼睛轉向右上方，表示在思考未來；眼睛轉向右中方，表示在想像一個聲音，例如在想像詢問某人問題時對方會如何答覆；眼睛轉向右下方，表示正在體會一種身體上的感覺，例如體會著手臂拉伸的感覺。如果你想分辨出一個人是否說謊，可以問一些必須要回憶才能想起來的細節，比如「上週你去體育場的時候見到了哪些同學？聊了些什麼？」如果對方不經思考就看著你的眼睛馬上回答，他可能在講述已經編好的謊言；如果他的眼睛先向上、再向左轉動，說明他可能在回憶真實的情況；如果眼睛先向上、後向右轉動，說明他有可能正在編造謊言。

一般來說，撒謊的人是不敢直視對方眼睛的，因為他的「心虛」會從眼睛上暴露，會將這種洩密通過眼神傳達給對方。但是，並不是所有的人都是如此，心理學家發現，絕大多數撒謊者並不會逃避對方的目光（這似乎是人類進化的結果，因為人們應對消極情況的「抵抗力」越來越大），反而會牢牢地注視著對方，目的在於讓對方覺得自己真誠。

通常情況下，人們的眼睛每分鐘會眨三十次至五十次，每次眨眼時眼睛閉合的時間只有十分之一秒。如果壓力較大或是撒謊時，眨眼的頻率就很可能會顯著提升。波士頓大學（Boston University）心理學教授約瑟夫．泰切（Joseph Tecce）曾經比較過美國大選中競選人眨眼的變化：在一九九六年十月十七日的一次辯論中，克林頓平均每分鐘眨眼四十八次，而他的對手戈爾（Albert Arnold Gore Jr.），平均每分鐘眨一〇五次。因此，克林頓看起來輕鬆自如，給人以自信的印象，而戈爾似乎局促不安，使人難以感覺到可靠，結果自然落選。泰切還對參加一九六〇年、一九八〇年、一九八四年、一九八八年和一九九二年總統辯論的候選人眨眼睛的次數進行了研究，發現每分鐘眨眼次數最多的候選人在大選中總是失利。對此，泰切解釋說，人的正常眨眼次數每分鐘是三十次至五十次，當人感到重壓，內心難以承受時，眨眼的次數往往就會增多。

當一個人對你心存好感時，他不僅微笑，還會用帶著幸福、欣賞的眼神打量你，這時的眼神是真誠的；當一個人的眼神冷漠、蔑視，略帶憤怒時，他可能要向你發出消極的訊號，但不一定表現出來；當一個人看你時眨眼睛，還會有一些可愛的小動作，說明他很讚賞你；當一個人的眼神一下子由明亮變為暗淡，說明他對眼前的事情失去了信心和好感。這樣的線索很多，需要我們在具體場合下靈活應用。

(6) 真笑與假笑

在所有的臉部表情中，大部分都會牽動三～五條肌肉，而笑容卻只需要一條肌肉——笑肌，還有就是笑容的識別度高於其他表情，在很遠的地方就能看出來。我們的任何表情都能作為掩飾謊言的工具，笑容就是最常用的一個。

最能表現出來且最常見的表情就是笑容。很多人往往通過假笑（false smile）來掩飾和偽裝自身的無聊、憤怒、厭惡、悲傷、恐懼，即使心中只有負面情緒，也會強作歡顏。例如，離婚案使你疲憊，無心工作，但面對上司時你做出微笑，就是避免他發現你最近在工作中不努力；即便你競選部門經理失敗，在面對對手時也會裝出微笑，為的是顯示自己對於失敗的無所謂。從中也可以看出，笑容是一種發洩壓力的形式，是一種平衡性應激行為的藉口，是一種心理活動的調節手段，開心時會不由自主地笑，極度悲傷、緊張不安時也會笑，這就是身體的調節機能在起作用，即通過自主調解來維護心理的相對穩定。

笑有很多種，表達的含義千奇百怪。比如冷笑是一種極其消極的訊號，表達了對他人的輕視。判斷冷笑的方法就是頰肌將嘴角斜拉向上方。這種表情是一個「世界表情」，在臉上清晰可見，即使只停留幾秒鐘，也能一眼識別。在人際交往中，不同的人冷笑的含義也不同。華盛頓大學（University of Washington）的研究人員發現：在夫妻中，若一方開始對另一方冷笑，則說明他們的情感已經出現危機；犯罪分子也常常做出這種表情，因為他們根本不屑於警察的質問，認為警察弱智和白痴。另外，對於笑容上的常識還有很多，這將利於辨別對方的真實心理。比如，一個人剛剛微笑就收起，時間短促，說明此人不好對付；笑容突然停止，往往是向對方發出警告訊號；似是而非的笑一般表示婉轉地拒絕；初次見面時露出微笑，表示友好，沒有敵意；啞然失笑的人是在企圖掩蓋內心的失望；權貴之人微笑的次數比地位低的人要少；女性比男性喜歡笑，而且更容易發笑……

那麼，人們為什麼會把笑容作為掩蓋撒謊的工具呢？主要原因無外乎以下兩個因素：第一，笑是一種標準的歡迎姿態的重要組成部分，是社會上最慣用的禮貌交往用語；其次，發笑是一件並不費力的事情，可以隨意地做出來，即便是一個剛出生的嬰兒。而一個人很難移動某塊肌肉做出憂傷、恐懼、憤怒的表情，這就造成了笑容的複雜性和多層次的偽裝性。事實上，笑容與謊言是密切相連的，有的撒謊高手會盡量施展笑容，有的撒謊高手會有意識地克制自己的笑容，這需要視情況而定，但都是撒謊者的施騙手段。從視覺上看，對方的笑容可以讓你放鬆戒備，可以消除彼此間的敵意，往往正是這種普遍的效應，使撒謊者有機可乘。多數人無法及時準確地區分真笑與假笑，看見對方衝著自己微笑，不自覺地就會產生一種滿足感，反而忽略或淡化了笑容的背後隱藏著什麼，危機又是一個什麼程度。那麼，怎樣才能辨別真笑與假笑呢？

假笑出現的速度會比一般人的要快，持續的時間更長，就如同戴著一張笑瞇瞇的面具。而假笑消退的過程是很不自然的，要麼瞬間消失，要麼在消退地過程中並非均勻平滑地減弱，會出現無規律的僵硬狀態。

科學家就指出，一個發自肺腑發笑的人無須刻意誇大或減弱笑的程度，他的左右兩個半腦會向身體兩側發送同樣形式的指令，所以兩側臉龐的笑容是不會有差別的。而控制臉部表情的神經元大都集中在右腦的大腦皮層中，一個人假笑時，在意識的控制之下，神經元就只能向左半身發送指令，這就導致左臉的笑容會比右臉更加明顯，即笑容出現了偏差和錯位。當然，並不是假笑的人都在撒謊，但撒謊的人在假笑時一定會出現如此情況。

臉部的大顴肌（zygomatic major muscle）和眼輪匝肌（orbicularis oculi muscle）能做出微笑的表情，當一個人微笑時，大顴肌就會做出咧嘴、露牙、面頰提升等動作，眼輪匝肌會收縮眼部肌肉致使眼角出現「魚尾紋」，這是真誠的笑，反之就是假笑。這都是受到意識的控制。

很多假笑只能掩蓋住下眼皮以下的下半張臉，額頭上會很明顯地表現對立的情緒，不隨意肌（involuntary muscle）仍會出現。即使在下半張臉中，也會有蛛絲馬跡的表情和假笑形成混合表情，從而出賣了假笑。

五、作為謊言的姿態表情

(1) 姿態表情

人的情緒特徵有時可以通過人體的姿態自發地表達出來，從而形成不同的姿態表情。當人處於強烈的興奮、緊張、恐懼、憤怒等情感狀態時，往往抑制不住身體姿態的表情變化，演員則經常通過誇張的身體姿態來有意識地表達角色的情感變化。在日常生活中，姿態表情通常和臉部表情結合使用。

姿態表情一般分為身體表情和手勢表情兩種。身體表情（body expresssion）是表達情緒的方式之一。人在不同的情緒狀態下，身體姿態會發生不同的變化，如高興時「捧腹大笑」，恐懼時「緊縮雙肩」，緊張時「坐立不安」等等。舉手投足、兩手叉腰、雙腿起胯等身體姿勢都可表達個人的某種情緒。手勢（gesture）常常是表達情緒的一種重要形式。手勢和語言一起並用，表達贊成或反對、接納或拒絕、喜歡或厭惡等態度和思想。手勢也可以單獨用來表達情緒、思想，或做出指示，在無法用言語溝通的條件下，單憑手勢也可以表達開始或停止、前進或後退、同意或反對等思想感情。「振臂高呼」「雙手一攤」「手舞足蹈」等手勢，分別表達了個人的激憤、無可奈何、高興等情緒。心理學家的研究表明，人的手勢表情是通過學習得來的。它不僅存在個別差異，而且存在民族或團體差異。同一種手勢在不同的民族中用來表達的情緒也不同。如德克薩斯州大學（University of Texas at Austin）足球隊的長角牛標誌是一對張開的食指和小指，而這個手勢在義大利意味著說一位男人的妻子出軌，這是非常嚴重的侮辱。因此，人的姿態表情通常受表現規則（display rules）的制約，在不同的文化裡，大多數肢體語言都具有獨特的語言和文化特性。

(2)常見的姿態表情

◆**身體運動**：身體運動是最易發現的一種體語，能夠傳達一個人的心理狀態和情緒。下面是一些常見的身體語言。

眉毛上揚：不相信或驚訝，蔑視，意外。

皺眉：不耐心，不同意，遇到難以解決的問題。

瞳孔擴張：興奮。

瞇眼：不同意，厭惡，發怒，不欣賞，蔑視，鄙夷。

避免目光接觸：冷漠，逃避，沒有安全感，消極，恐懼或緊張。

正視對方：友善，誠懇，外向，有安全感，自信，篤定，期待。

緊盯對方：專斷、控制的行為，它可能是領導行為的有效因素。

鼻子漲大：情緒高漲或說謊。

聳鼻子：表示不屑。

撓鼻子：說謊。

打呵欠：厭煩，無聊。

咬嘴唇：緊張，害怕或焦慮，忍耐。

撅嘴：生氣、委屈。

抿嘴：害羞或者覺得好笑，緊抿則代表焦慮。

攏嘴：不相信，不同意。

嘴角癟：經典動作，表示對所說沒有自信，在撒謊。

嘴角上揚：輕蔑。

點頭：同意或者表示明白了，聽懂了。

搖頭：不同意，震驚或不相信。

……

頭部傾斜：舒適。

雙腿叉開：捍衛，希望引起重視。

雙腿交叉：放鬆，親密，無防衛。

抖腳：緊張，困惑，忐忑，不耐煩。

來回走動：發脾氣，受挫，不安。

坐不安穩：不安，厭煩，緊張或者提高警覺。

好奇
疑惑
不感興趣
拒絕
觀察
自我滿足
歡迎
果斷
隱秘
探究
專注
暴怒
激動
舒展
奇怪
支配
懷疑
鬼鬼祟祟
羞怯
思索
做作

◆**姿勢**：在日常生活中，我們自己也在經常使用姿勢進行溝通。在需要表示對別人尊敬的情境中，如與上級談話，我們的坐姿自然就比較規範，腰板挺直，身體稍稍前傾。有些人則乾脆「正襟危坐」。如果我們對別人的談話表示不耐煩，則坐的姿勢就會後仰，全身肌肉的緊張程度就會明顯降低。無論什麼人在講話，只要看一眼聽者姿勢，就會明白他的講話是否吸引聽眾。心理學家西奧多·薩賓（Theodore R. Sarbin）通過對生活的細緻觀察，曾經將一些經常使用的姿勢做出總結，並繪製出了示意圖，這有助於我們理解人的感情和真實意圖。

◆**手勢**：聾啞人主要藉助手語實現溝通，正常人在交流的過程中，手語表達的機會也比較多。第二次世界大戰時期，英國首相邱吉爾（Winston Churchil）發明了「V」手勢，成了世界上廣為運用的代表勝利的手勢語（「V」是「Victory」首字母，豎起中指與食指並展開，就成了「V」字）。常見的手勢如下：

擺手：表示制止或否定。

雙手外推：表示拒絕。

雙手外攤：表示無可奈何。

雙臂外展：表示阻攔。

搔頭或搔頸：表示困惑。

搓手、拽衣領：表示緊張。

手腕甩動：說謊。

環抱雙臂：漠視，不欣賞，旁觀心態。

晃動拳頭：憤怒或富攻擊性。

摸脖子：說謊，除非他脖子疼。

拍頭：表示自責。

聳肩：表示不以為然或無可奈何。

雙手舉過頭頂：表示暴怒。

雙手往上伸直：表示激動。

雙手枕在頭下：表示舒展。

一隻手托著下巴：表示疑惑。

聳肩、雙手外攤：表示不感興趣。

頷首、雙手放在胸前：表示害羞。

雙手抱頭：自信，控制局面。

雙手張開、指尖扶按桌面：自信，權威。

雙手交叉背在後面：與人保持距離，不要靠近。

(3) 如何通過姿態語言識別謊言

由肢體動作表達情緒時，當事人經常並不自知。當我們與人談話時，時而蹙額，時而搖頭，時而擺動手勢，時而兩腿交叉，我們多半並不自知。

因此，心理學家提出如下一個假設：當你與人說真話的時候，你的身體將與對方接近；當你與人說假話的時候，你的身體將離開對方較遠。這一假設驗證的結果發現：當要求不同受試者分別與別人陳述明知是編造的假話與正確的事實時，說假話的受試者會不自覺地與對方保持較遠的距離，而且顯得身體向後靠，肢體的活動較少，臉部的笑容反而增多。

一般說來，臉部表情比身體更容易控制，因此一個撒謊的人可能會裝得一本正經，但卻忘記了身體線索。一個人在撒謊時無論語言和臉部表情上掩飾得多麼嚴密，他的肢體語言都會告訴對方一個真實的答案。所以，談話時我們可以多留意對方的身體運動：運動有節奏嗎？手的移動是否流暢？姿勢是否經常轉換？具體說來，可留意以下三個方面：

①當對方轉移視線，尤其是躲躲閃閃時，基本上可以斷定是在撒謊。若目光總是注視著天花板或把目光抬高時，更能說明他是在撒謊。不要認為撒謊者會低下頭，因為他心裡很清楚，這樣會告訴你他在為某件事情慚愧，或在為什麼事情而自卑。

②當對方突然翹起二郎腿，或是明顯地變換了一種姿勢，說明他對談論的內容一定有意見或偏見，他之所以不說是因為說出來會對自己不利。

③在談話時，如果對方突然將雙臂交叉抱於胸前，這是一種防禦機制（defense mechanisms）的訊號，說明他此時對談話的內容有分歧。他很想說服你，但沒有足夠的證據或實力，或是對目前的談話有所隱瞞。

不過，那些高明的撒謊者通常會迴避那些常見的撒謊動作，因此，我們在分析一個人的姿態表情時，應特別謹慎和小心。

要結合具體語境來理解姿態表情。例如，在一個寒冷的冬天，你看見某人站在公交車的終點站，雙臂緊緊環抱於胸前，雙腿也緊緊地夾在一起。他之所以擺出這種姿勢是因為寒冷，而不是身體受到外來威脅而發出的一種本能的自我保護。再如，當和一個人交談時，發現他頻頻眨眼，而你們之間的談話並不存在利害關係或是衝突，你就不能斷定他在撒謊或在向你隱瞞著什麼，而應考慮到他可能有眼睛方面的疾病。

要對同一類動作仔細觀察，有時一些細小的改變，就是在表達不同的含義。以聳肩為例，這是經常見到的動作，假如上司向你詢問：「客戶對我們的條件有什麼不滿意的嗎？」你聳半個肩和雙肩同時聳表示的含義就是不同的。一般來說，聳單肩說明沒說實話，而聳雙肩則說明是實事求是，尤其是大幅度地向上聳雙肩則表示所說絕對真實。假如雙肩聳得並不一致，一前一後或是一高一低，就有可能是在說謊。

要注意「縮力」行為。一個人在撒謊時會盡量減少各種手勢和其他動作，甚至腳都很少移動，這就是大腦邊緣系統在發揮作用。你可以想像一下，當你真誠地向對方表達時，就會情不自禁地運用各種肢體語言，目的是為了讓對方盡快明白自己的意思，「手語」就必不可少，你的身上也會散發出向外的「張力」。反之，你就會避免一些肢體語言，目的是避免露出破綻，與此同時你的身上就會產生一種「縮力」。

要避免刻板地套用規律來驗證對方是否說謊。比如，很多人知道「撒謊時不要看對方的眼睛」，這似乎成了一個常識，所以，更高明、更狡猾的「撒謊家」就會故意盯著你的眼睛，以此來證明他沒有撒謊。

此外，也不能死盯著撒謊者的某一個動作觀察，很多撒謊者在撒謊時發出的肢體語言是多方面的，而且會和言辭、表情混合在一起迷惑對方，嘴裡說的和手勢要表達的含義是矛盾的，這些信息都應該考量進去。

六、聲調表情與謊言

語言本身可以直接表達人的複雜情感，如果再配合以恰當的聲調就可以更加豐富、生動、完整、準確地表達人的情感狀態。

通常來說：悲哀時語速慢，音調低，音域起伏較小，顯得沉重而呆板；激動時聲音高且尖，語速快，音域起伏較大，帶有顫音；說話語速較快，口誤又多的人被認為地位較低且又緊張；說話聲音響亮，慢條斯理的人被認為地位較高，悠然自得；說話結結巴巴，語無倫次的人缺乏自信，或者言不由衷；男聲中如帶氣聲，被認為較年青，富有朝氣，富有藝術感；女聲若帶有氣聲，被認為美妙動人，富有女性味；平板的聲音被認為冷漠、呆滯和畏縮；喉音使男性顯得成熟、世故和老練，判斷力強，但使女性失去魅力；女中音和男低音代表暴躁氣質；女高音和男高音多屬於活潑型的人；急劇的變調對比表達暴躁氣質；音調的抑揚婉轉顯露活潑的天性，表明氣質溫和柔順；旋律可以表達人的歡樂與苦悶，希望與企盼。

判斷人的說話情緒和意圖時，不僅要聽他說些什麼，還要聽他怎樣說，即從他說話聲音的高低、強弱、起伏、節奏、音域、轉折、速度、腔調和口誤中領會其「言外之意」。語言交談能夠溝通思想，促進相互了解，語言的聲調使語言本身俱有更多的感情色彩，從而揭示出人的思想、感情和意向的精微之處，而這非詞彙所能完全表達的。任何事物都可以用最體面的語言來講述，而不至於流於粗俗，問題只在於思想是否豐富，語言是否和諧，比喻是否恰當，禮貌是否周到，時機是否適當。

一般來說，速度快的人大都機靈善辯、積極向上，而速度慢的人則較為沈穩、木訥。但這只是正常情況，若一個人的說話速度與平時相異，則能更好地窺視他的內心世界。有一位著名的心理學評論家曾經說：「如果一個丈夫在外面做了虧心事，他回到家裡後必定會滔滔不絕地與太太講話。

一個人語速比平常快，就預示著他可能在撒謊，也可能是因為做錯了某件事而心中有愧。一個人說話的速度比平時慢，也預示著他可能是在說謊，只不過他是有備而來的，他「字正腔圓」的表述其實是正在考慮之前說出去的話是否存在紕漏。這兩種說謊形式，前者是「言不由衷」，所以，注意力就會集中到言辭的量上，語速自然會加快；後者是「胸有成竹」，因此竭力揣摩如何編造出最有力、最真實的說辭來迷惑對方，注意力就會分散到言辭的質上，語速自然會變得很慢。

我們知道，人在撒謊時會引起情緒的變化，而這些變化會在聲音中得到體現。通常，情緒造成的變化不受人的意志控制，一旦湧起，就會進入自動自發狀態，這時如果刻意掩飾反而會更加明顯，如生氣時為了掩飾而故意抬高聲調會讓對方明顯感受到這是在撒謊。有研究表明，70%的人在處於負面情緒時會有意提高聲調，生氣、撒謊時更是如此。當一個人的聲音突然變得高亢，情緒變得難以控制時，就會把不該說的話順嘴說出，這就造成了言辭上的前後矛盾，謊言便不攻自破。而在撒謊者冷靜的時候，這種「損失」是絕對不會出現的。當一個人的聲音變得很低時，他有可能是在心虛或者不想引起別人的注意。

情緒會導致說謊者聲音的變化，而一個人說話時聲音中沒有情緒的變化並不能代表說話者沒有說謊。有的人本來就不善於控制情緒化時自身的言談舉止，但是有些人，尤其是那些不善於表達的人，在情緒上的紕漏會比較細微，一般人難以發現。

我們再來看一下「水門事件」中的部分情節。約翰·迪安（John Dean）作為尼克松的總統法律顧問被拖下水之後，在一次全國性的電視轉播聽證會上，他要揭發尼克松的罪行（尼克松事先是知情的，曾經想用錢來封住被告的口）。迪安的證詞可信度是極高的，他的聲音中絲毫不帶任何情緒，而且語言平穩，和常人無異。有位法官曾說：迪安在宣讀了那份聲明幾天後，面對聽證會毫不留情的質問十分從容，沒有一點慌張的情緒，大家都相信他了。但事實上，迪安的證詞並不真實。

其中的原因眾說紛紜，白宮的可靠人士向媒體透漏的是，迪安害怕坐牢，所以才試圖要拖尼克松下水。尼克松本人在他五年後的傳記中寫道，在這件事上，迪安把謊言和實話巧妙地混合在了一起，目的是要掩蓋自己的焦慮，淡化自己的角色，把責任轉嫁到約翰·西瑞卡（John Sirica）和他的同事身上。作為抓謊者，可能會胸有成竹地說：「在證詞上，作證的人只要不是說話過於戲劇化或緊張、草率……說實話的人總是很淡定地陳述自己的證詞，絲毫不帶情緒，這是正常人的行為，無懈可擊。」西瑞卡僅僅因為看到迪安沒有表現出撒謊線索就斷定他是誠實的，卻忽視了一個高明的說謊者是不會暴露出明顯破綻的。

作證結束後，迪安自己表述了當時的心情，說自己緊張得厲害，孤獨而無助，因為自己面對的是總統的權力。他還說道，自己當時深吸了一口氣，假裝在思考，拼命地在控制自己，告誡自己千萬不能暴露情緒，否則媒體就會把自己生吞活剝。如果是迪安的妻子、父母、朋友或者之前比較熟悉他的人，則一定能發現這其中的異常，因此，迪安僥倖逃過了一關。

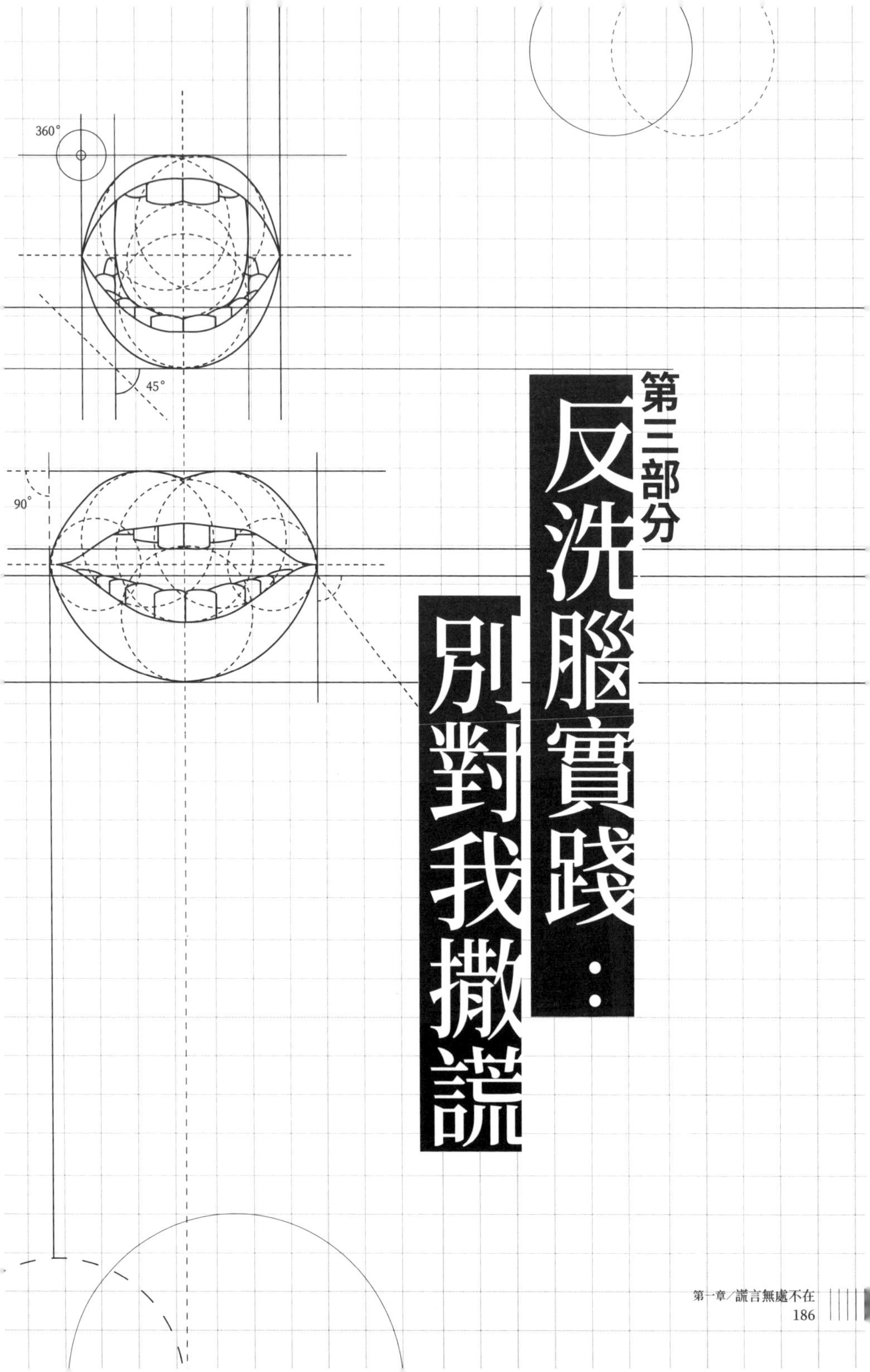

第三部分

反洗腦實踐：別對我撒謊

第五章
如何抓謊：作為技術的抓謊策略

一、吐真劑

哈利看到面前躺著一個男子，皮膚蒼白，略有雀斑，一頭淺黃的亂髮。他認得這個人，在鄧不利多的儲思盆裡見過。他看到他被催狂魔從法庭上帶走時，還向柯羅奇先生辯解說自己是清白的……但現在他眼角已有皺紋，看上去老多了……

走廊上響起了急促的腳步聲。石內卜帶著閃閃回來了，麥教授緊緊跟在後面。

「柯羅奇！」石內卜呆立在門口，「小巴蒂‧柯羅奇！」

「老天！」麥教授呆立在那裡，瞪視著地上的男子。

邋邋遢遢的閃閃從石內卜的腳邊探出頭來。

她張大了嘴巴，發出一聲刺耳的尖叫。

「巴蒂少爺，巴蒂少爺，你在這裡做什麼？」

她撲到那年輕男子的胸前。

「你殺了他！你殺了他！你殺了主人的兒子！」

「他只是中了昏迷咒，閃閃。」鄧不利多說，「請讓開點。賽弗勒斯，藥水拿來了嗎？」

石內卜遞給鄧不利多一小瓶澄清的液體，就是他在課堂上威脅哈利時提到過的吐真劑。鄧不利多站起身，彎腰把地上的男子拖了起來，使他靠牆坐在照妖鏡下面。照妖鏡裡，鄧不利多、石內卜和麥教授仍在朝他們看著。閃閃仍然跪在那裡，雙手摀著臉，渾身發抖。鄧不利多扳開那人的嘴巴，倒了三滴藥水，然後用魔杖指著那人的胸口說：「快快復甦！」

柯羅奇的兒子睜開眼睛，他目光無神，面頰鬆弛。鄧不利多蹲在他身前，和他臉對著臉。

「你聽得見我說話嗎？」鄧不利多鎮靜地問。

那男子的眼皮顫動了幾下。

「聽得見。」他低聲說。

「我希望你告訴我們，」鄧不利多和緩地說，「你怎麼會在這裡，你是怎麼從阿茲卡班逃出來的？」

小柯羅奇顫抖著深深地吸了口氣，然後用一種不帶感情的平板語調講了起來。

這是J.K. 羅琳創作的魔幻小說《哈利．波特與火盃的考驗》（Harry Potter and the Goblet of Fire）中的一個故事，被鄧不利多擊昏的小巴蒂．柯羅奇在被石內卜餵下了一瓶吐真劑後，隨後就把怎麼擊昏了瘋眼漢穆迪、怎麼通過複方湯劑偽裝、怎麼把哈利的名字投入了火盃等所有的真相都和盤托出了。

「吐真劑（Truth Serum）」一詞來源於美國婦產科醫生羅伯特．豪斯（Robert House）。一九二〇年，羅伯特．豪斯注意到，注射麻醉劑東莨菪鹼（Scopolamine）後，患者進入一種特殊的鎮靜狀態，竟然會在無意識狀態下準確地回答問題。由此豪斯大膽猜測東莨菪鹼或其他麻醉劑也許可以讓人如實回答問題，或許可藉此審問犯人，他將具有這類效果的藥物稱為「吐真劑」。

一般認為，吐真劑多是具有鎮靜催眠效果的藥物，在發揮鎮靜催眠藥效之外，還能誘導服用者說出真話。被認為有吐真效果的藥物包括：東莨菪鹼（Scopolamine）、替馬西泮（Temazepam）和巴比妥類藥物（Barbital），如硫噴妥鈉（Thiopental Sodium）。從廣義上講，各種酒水也算是吐真劑。公元一世紀，羅馬的自然哲學家蓋烏斯·普林尼·塞孔都斯（Gaius Plinius Secundus）就說過：酒後吐真言。人一喝醉，思緒放得開了，說話就會滔滔不絕，自然也會吐出許多真話。

說穿了，吐真劑的作用，無非是讓人處於鎮靜催眠狀態，消除大腦對行為的控制，使人下意識地對問題做出應答。撒謊是大腦處於「假裝模式」時的一種活動行為，當大腦被藥物「麻痺」後，大腦活動意識降低，人主動說謊的能力就會減弱。因此，只要你問，就有回應，絕不會問不出一點信息。從這個角度上說，吐真劑至少能讓人多說話，從而能提供更多的信息。

對吐真劑的研究和運用，目前在醫學界和法律界還存在著許多爭議。有專家認為，對那些撒謊成性者或形成錯誤記憶的人來說，吐真劑不會有什麼效果。此外，硫噴妥鈉等吐真劑如果被國家機器或組織濫用，則可淪為洗腦的工具，因此在美國等許多國家，禁止在

二、測謊儀

與吐真劑在司法領域禁用的命運不同，測謊儀自誕生以來雖然也命運多舛，但最終在世界大行其道，被廣泛應用於軍事、司法等政府部門以及其他商業領域。

長期以來，美國聯邦政府一直用測謊器進行測驗。一九八二年，美國聯邦政府對其僱員用測謊器進行了兩萬三千次測驗，這個數字是一九七二年的三倍。前總統裡根是測謊儀的忠實信徒，曾要求所有的政府高級官員都要接受測謊儀測謊，這招致了國務卿舒爾茨等人的強烈反對，認為這是對他的侮辱。非但如此，裡根還曾頒布一項法令，要求政府安全部門使用測謊儀檢測僱員，以防止僱員們向新聞界洩露機密情報。由於國會的強烈反對，該法令因而被無限期地推遲實施。如今，美國人對測謊儀的使用越來越普遍，每年被測謊儀測謊的人數就多達一百萬人次，許多行業協會、公司在錄取新人時都要使用測謊儀對新人進行測試。此外，還用於對內部員工的「忠誠測試」，即定期對敏感、機密崗位的僱員進行測謊試驗，以排查出其中的洩密者。著名的「李文和案」，就是從一次測謊試驗開始的。

「測謊儀」的學名是Polygraph，意為「多道記錄儀」，字根「poly」，意為「多」，而字尾「graph」，意為「書寫、描繪、記錄」，所以它的本意是指一種記錄人體多項生理反應的儀器。測謊儀可以在犯罪調查中協助偵訊，通過了解受詢問嫌疑人的心理狀況，從而判斷其是否與案件有關。由於真正的犯罪嫌疑人大都會否認涉及案件而說謊，故一般形像地稱之為「測謊儀」。準確地講，「測謊」不是測試「謊言」本身，而是測被試者在面對刺激時生理參量發生的變化。嚴格地來說，「測謊儀」應該叫做「多參量心理測試儀」才對。

「測謊」並不是檢測謊言本身，而是檢測一個人想隱瞞時的心理反應所引起的生理指標的變化。從這個角度講，「測謊」可以說是一種「心理測試」，其基本假設就是最古老的「做賊心虛」理論，即被測者在說謊時，心理上的緊張感、焦慮感或負疚感會導致一系列微小的生理變化，如心跳加快、血壓升高等，以及一些行為上的變化。只要測量到了這種變化，即可認定此人正在說謊。每個人都有自己的道德定位，面對這種道德衝突，人們會不由自主地產生一種矛盾心理，進而導致自主神經的活躍。當罪犯被問及一些與犯罪行為相關的問題時，會條件反射，容易產生與犯罪過程中相同的情緒體驗，如緊張、恐懼、興奮等。

一九二一年，加州伯克利市警察局的約翰·奥古斯都·拉森（John Augustus Larson）組裝了一台可記錄血壓、脈搏振幅與呼吸模式相關變化的便攜儀器，並在接下來的幾年裡做了很多測謊測試。一九二六年，拉森的助手萊納德·吉勒（Leonard Keeler）也研製出了一種新型的測謊儀。這是第一台能把呼吸、皮膚電阻和心臟反應都組合在一個比較單元的測謊儀，設計者申請了專利，後被聯邦政府相中，在軍方、警方推廣應用。皮膚電阻是通過測量人手心發汗的程度了解人心理緊張狀態的變化。呼吸波是反映人心理變化的重要生理指標之一，人緊張時，呼吸會下意識地發生一系列變化，如深呼吸、呼吸節律加快或變慢等。人在緊張時，心跳加快，使脈搏波的收縮壓上升[13]。

通常在正式測謊之前，測謊員要以非審訊的方式與被測試人進行談話，例如測謊員會

13 關於測謊儀的研究已取得最新進展。二〇一〇年，猶他州大學的研究人員開發出了一種新的測謊工具——眼球測謊儀，即通過觀察眼球運動的軌跡判斷人是否說謊。研究人員讓受測者在計算機上回答多個「是非題」，然後記錄他們作答時的反應。眼球測謊儀的研究團隊負責人、猶他州大學教育心理學家約翰·基歇爾（John Kircher）在接受媒體採訪時表示，人在撒謊的時候要比說真話時「多花一點心思」，因此說謊的人會有跡象可尋，比如：說謊者的瞳孔會擴張，而且需要更多時間來閱讀題目和回答問題。這些細微變化都在瞬間發生，需要精密複雜的模型和測量系統進行區分判斷。約翰說，眼部追踪測謊技術和其他謊言識別技術在原理上有很大的區別。以往的技術通常都是測量一個人撒謊時的情緒反應，根據人情緒波動的各項生理反應數據，推斷人是否說謊。而眼球追踪測謊技術則取決於人對某些事件的認知所做出的反應，針對受測者的認知反應。眼部追踪測謊技術從成本上只需傳統技術的五分之一，同時不需要在受測者身上附加設備；一般的技術人員就可以操作眼部追踪測謊儀，而傳統測謊儀需要特別受訓的鑑定員來做檢測。

問被測試人：「你是不是住在康乃狄克州斯托斯曼斯菲爾德鎮斯坦利街八號？」當被測試人回答「是」的時候，儀器會記錄下被測試人「說實話」時的心理特徵和身體反應特徵。接著測試員再問：「你是不是住在康乃狄克州斯托斯曼斯菲爾德鎮斯坦利街八十八號？」這次同樣要求被測試人回答「是」，並同時記錄下被測試人「說謊」時的心理特徵和身體反應特徵。被測試人「說實話」和「說謊話」時的種種細微反應被測試儀器記錄下來後，匯集形成被測試人或者「知情」或者「參與」的結論，然後才開始真正的測謊。當測謊員提出問題後，發現被測試人回答時表現出的反應信息與之前「說謊」時的反應信息相似，則會將其答案視為「疑似說謊」，進而作進一步的調查問話。結束後，測謊員再進行全面分析，最終做出判斷。

現在，在美國聯邦政府的司法部門，測謊技術的應用十分廣泛。它既能用於對警察候選人的僱用前考核，又可以作為一種適用於獲取法庭證據的技術，測謊儀被作為犯罪調查的輔助工具用來鑑定被害人陳述的真實性、證人的可靠性、嫌疑人供述的真實性。但是，法律規定測謊結果不能作為定罪的唯一證據。測謊結果必須與其他調查獲取的證據結合使用。

測謊儀並不是萬能的。一方面，測謊儀能否發揮正常的作用，跟測試的外部環境、被測試者個體狀態、測試師的水平以及問題的設計都密切相關。另一方面，對於心理素質較好或者心理變態的人來說，測謊儀可能沒有效果。在FBI受理的「綠河殺人案」[14]中，涉嫌謀殺四十八名女性的「綠河殺手」（Green River Killer）也通過了測謊儀測謊。多數人認為，測謊儀之所以失效是因為「綠河殺手」本身有嚴重的心理問題。他面對測謊儀的時候能夠平靜地說出謊話，一部分原因是他覺得對那些被害者的「虐殺」是自然的、理所應當的。

14 在美國的犯罪史上，最令人毛骨悚然的案件要算一九八二年至一九八四年間發生在華盛頓州肯特鎮的系列謀殺案，前後有四十八名妓女和離家出走的婦女殞命，但兇手卻一直逍遙法外。二〇〇一年十一月三十日，西雅圖警方突然宣布，他們逮捕了一名與二十世紀八〇年代「綠河連環殺人案」有關的男子——加里·里奇韋（Gary Ridgway），時年五十二歲，是華盛頓州奧本一家貨運公司的油漆工，因遺留在一名死者身上的體液而被警方逮捕。開始，他並不承認自己是兇手。由於此案的複雜性和缺乏更多證據，檢控方與里奇韋達成了一項「認罪求情協議」，以里奇韋供認所有犯罪事實來換取對他的死刑豁免。二〇〇二年十一月五日，加里·里奇韋在法庭上供認，過去二十多年裡，他先後殺害了四十八名婦女，其中多數是妓女。他因此成為美國殺人數量最多的頭號系列殺人犯。

克利夫蘭無頭碎屍案（Cleveland Torso Murderer）

一九三五年九月二十三日下午，在俄亥俄州克利夫蘭市的城東金斯伯里有兩個小男孩試圖穿越這片雜草叢生的荒地，到附近一個叫「驢山」（Jackass Hill）的地方郊遊。其中一個小男孩，忽然注意到草叢中有一塊形狀怪異的突起物，便走過去一探究竟。結果，眼前的景象讓他倒吸一口冷氣：一具已然開始腐爛的無頭男屍赫然出現在眼前。

警方聞訊趕到後，發現受害者不止一個：兩名白人男子橫屍現場，都被利落地斬了首。他們的頭部最後被發現埋在幾十公尺外的地方，一旁還有這兩名受害者被割下的生殖器。其中一具屍體還被潑上了汽油和化學藥品，燒得面目全非——兇手的殘忍行徑令人髮指。

經過調查，其中一名受害者為愛德華·安德拉斯（Edward A. Andrassy），曾是克里蘭夫市立醫院精神病科的一名護理員。他長期與問題青年沆瀣一氣，還曾因私藏武器被送往教養院勞改。安德拉斯的母親透露，此前曾有人在追殺自己的兒子，而安德拉斯在出門避難後，就與家人失去了聯繫。

此案的線索到這裡就突然中斷，可是殺手的瘋狂才剛剛開始。在隨後的幾年中，兇手用極其血腥殘忍的手段殺掉了十個人，可是人們卻拿他毫無辦法。每一起凶案的受害者都被剁成碎塊，警方甚至將其中一人的頭部復原像放到「五大湖博覽會」上展覽，但超過七百萬名遊客，沒有一個人可以說出個究竟。

到後來，這個凶犯似乎已經不是為了殺人而殺人。在一次極具挑釁的犯案中，他將一具無頭女屍直接拋棄在當地治安長官艾略特．內斯（Eliot Ness）的辦公室窗戶對面，公然向警方示威。

內斯有些坐不住了，他明白此案非同小可，開始親自著手梳理線索。他下令全面搜查金斯伯里河岸棚戶區，每一個流浪漢都先後被帶到警局問話。甚至有警官假扮成流浪漢，暗中搜尋可疑人物。

遺憾的是，在那個年代，人們普遍缺乏追捕連環殺手的經驗。調查人員還是按照傳統的辦案方法，試圖從受害者的熟人中找尋具備謀殺動機的嫌犯。事實上，連環殺手往往隨機作案，所以這種調查無異於緣木求魚。況且，絕大多數死者的身份始終未能確定，警方一度陷入絕望。

一九三八年三月末，一件最初看似與本案並無關聯的事件引起了專案小組成員戴維．考爾斯（David Cowles）中尉的注意。在距離克利夫蘭幾小時車程的桑達斯基（Sandusky），一隻流浪狗無意中拖出了一條被肢解的人腿。考爾斯立刻趕往當地，試圖找出這條斷腿與克利夫蘭連環殺手之間的關聯。

考爾斯是一位訓練有素的法醫。他回憶起曾經有一個叫法蘭克．斯維尼（Francis Sweeney）的外科醫生非常符合「瘋狂屠夫」的特徵，後來因為不具備作案時間，被排除了嫌疑——每當克利夫蘭發生謀殺，他總是待在幾百公里之外的桑達斯基退伍軍人醫院裡。冥冥中的預感，驅使考爾斯奔赴桑達斯基調查情況。

考爾斯發現，時年四十四歲的斯維尼有酗酒的毛病，他出入桑達斯基市退伍軍人醫院是為了接受治療。其中有幾次入院時間恰好與克利夫蘭連環殺手的行凶時間吻合。看起來，治療不僅在幫助斯維尼戒酒，還恰好為他提供了完美的不在場證明。

執著的考爾斯細緻地考察了這家醫院，發現斯維尼在就醫期間並未受到任何「特別看護」。醫院不是監獄，病人的人身自由不會受到限制。尤其在周末或節日期間，前來探視的人數眾多，像斯維尼這樣的急診病人可以隨便出入而不引起注意。考爾斯推斷，斯維尼很有可能伺機從桑達斯基跑回克利夫蘭，殺人之後再神鬼不知地回來。

一個名叫艾利克斯（Alex Archaki）的人向考爾斯透露，斯維尼確實有幾次偷偷外出，而且時間也與克利夫蘭幾起謀殺的時間吻合。

回到克利夫蘭，考爾斯開始針對斯維尼展開秘密調查。他了解到，出生於一八九四年的斯維尼來自一個貧苦家庭，父親早年因傷致殘，母親又在他九歲那年死於中風。斯維尼自幼便和幾個兄弟姐妹混跡於金斯伯里河岸的貧民窟，自生自滅。

然而，家庭的不幸並未影響到這個志向遠大的年輕人，憑藉自身的聰明和勤奮，斯維尼拿到了聖路易斯醫學院的醫學學位，並成為聖亞力克西斯醫院的外科醫生。然而好景不長，由於過度疲勞和精神壓力，斯維尼逐漸開始酗酒，他變得殘暴而易怒，經常與家人和同事發生爭執。酒精最終摧毀了他的健康、事業和家庭，一九三六年，他的妻子提出離婚，並帶著他們的兒子離開了家。

除去外貌特徵和醫學背景，考爾斯將斯維尼列為重大嫌疑人的另一個原因是他出身於金斯伯里河岸的貧民窟。在那以撿垃圾謀生的少年時期，他顯然有足夠的時間將每一座茅屋每一條支流的位置諳熟於心。此外，還有傳言斯維尼是一個雙性戀，考爾斯認為這可以解釋為什麼死者有男有女，並且都遭受過殘忍的暴虐。

在毫無進展的調查中，斯維尼彷彿成了克利夫蘭警局最後的救命稻草。然而，還有一個意想不到的因素阻礙著他們：儘管出身貧寒，斯維尼卻有一個位高權重的堂兄——美國國會議員馬丁．斯維尼。無獨有偶，此人正好是治安官內斯的政敵，曾屢次公開批評內斯執法不力。這位仁兄怎會料到，此案此時最大的嫌疑犯竟與他沾親帶故。

為避免引發政治醜聞，八月二十三號上午，警方在克利夫蘭酒店的一間套房裡，對斯維尼進行了秘密審訊。除了內斯、考爾斯和兩名醫生，還有一位萊納德．吉勒博士（Dr. Leonard Keeler）參與了這次審問。作為參與發明測謊儀的專家之一，他帶著全套行頭專程從芝加哥趕來。

測謊結果出來之後，吉勒信心百倍地告知內斯：「他就是你要找的人。」但是，內斯實在無法將眼前這個談吐自如、舉止得體的外科醫生跟那個喪心病狂的連環殺手聯繫在一起。他要求與斯維尼單獨談談，徑自走進了套房裡間。

據內斯回憶，當時他們兩人面對面坐在狹小的臥室裡，斯維尼原本高大的體型顯得更為碩大。他衝內斯詭異地一笑：「這下你滿意了？」

一番仔細考慮後，內斯點點頭說：「沒錯，我認為你就是兇手。」

「你認為？」斯維尼彷彿被激怒一般，突然起身把頭伏到內斯臉前，「那就證明給我看！」內斯有些驚慌，他轉身開門，想喊他的同伴。但門外空空如也，他被獨自留在屋裡，跟一個連環碎屍案的嫌疑犯。

斯維尼意味深長地笑了笑：「看起來他們都去吃午飯了。」

事後，內斯坦誠地與斯維尼單獨相處的幾分鐘，這是他職業生涯中最恐怖的時刻。

不過，除了嘲笑內斯，斯維尼什麼也沒做。當天下午，吉勒又給他做了幾次測試，結果與第一次一致：測謊儀結果認為斯維尼就是連環殺手。內斯陷入進退兩難的境地，雖然斯維尼作案的可能性很大，但畢竟他們手頭沒有直接證據，要想定罪非常困難。同時，他也不敢想像，在沒有把握的情況下將斯維尼那位高調的堂兄牽涉進來，會發生什麼。

審訊結束兩天之後，斯維尼回到了他之前常去的桑德斯基退伍軍人醫院。從那天起直到他死，斯維尼一直在全美各家醫院之間輾轉。在那裡他接受療養，但不是作為囚犯，他隨時隨地都能自由出入。不知出於什麼目的，他始終孜孜不倦地給內斯寄明信片。一九五五年十月，斯維尼住進了代頓市退伍軍人醫院，在那裡度過了他人生中的最後十年。

斯維尼究竟是不是真兇？秘密審訊結束後又發生了什麼？為什麼他選擇在醫院裡度過餘生？到底他那個議員堂兄有沒有插手此案？時隔多年，這些問題再也找不到答案。檢察官最終沒有針對斯維尼提出控訴，而克利夫蘭的連環殺手，似乎也在一九三八年之後，人間蒸發了。

一九三九年一月，克里夫蘭市報紙刊登了一封來自洛杉磯的信件，主要內容如下：

致艾略特．內斯局長：

你現在可以放心地休息了，因為我已經來到了溫暖的加利福尼亞過冬。對於那些人的肢解，我感覺（做得）不是很好，我的技術還有待於進一步提高，我想我會震驚醫學界的……

和那些遭受疾病折磨的人們相比，他們的生命又算什麼呢？就像是在某一條街上看見的一堆豬肉，沒有人會懷念他們，我現在能夠理解巴斯德（Louis Pasteur）、梭羅（Henry David Thoreau）以及其他先驅們的感受了。

（而且）現在我有了一個志願者，他將完全證明我的理論。你們認為我瘋了，是一個屠夫，但事實會證明一切的。

有一具屍體還沒有被發現，也將永遠不會被發現，我感覺我有責任處置這些屍體，使他們不再遭受痛苦是上帝的意願。

落款：X

經過諸多犯罪學家檢驗後一致認定，上述信件很可能（疑似）是「金斯伯里的瘋狂屠夫」唯一、也是最後一次與克里夫蘭市的直接對話。

調查依然繼續，但始終收效甚微。同年，警方了逮捕一個名叫法蘭克．多列熱（Frank Dolezel）的人，控告他與連環謀殺案的其中兩起有關，但此人沒等到開庭便死在獄中。追凶到此為止，所有線索全部中斷。官方認定的受害者一共十二名，雖然還有證據表明人數應該更多——也許他們是除了兇手之外，唯一了解事情真相的人。

三、三種常見的抓謊方法

截止目前，我們已經從各個方面探討了謊言的形成、動機、運行機制以及人在說謊時的語言特點和非語言特點，還探討了運用現代科學原理抓謊的吐真劑和測謊儀（可惜我們無法擅自使用這些技術，否則會導致技術上的濫用，淪為犯罪分子的洗腦工具）。我們知道，掌握了這些言語和非語言線索，再加上適當的訓練，我們就能夠識別各種謊言和騙

識別謊言的三種方法

表情	言語的	非言語的	生理的
說謊者的體驗	認知困難／情緒變化	認知困難／情緒變化	情緒變化
說謊時的表現	• 說謊時的表現。 • 回答不真實。 • 間接回答問題。 • 陳述消極。 • 缺乏個人體驗。 • 結構化陳述。 • 明顯的語法錯誤和漏洞。 • 不斷變換時態。	• 口吃。 • 停頓。 • 說話變慢。 • 聲調變高。 • 僵硬。 • 情緒化的臉部表情。 • 情緒化的肢體表情。	生理反應如呼吸頻率和深度、皮膚的汗腺分泌、血壓和脈搏速率的變化等。
是否存在個體差異	是	是	未知
是否百分之百肯定說謊	否	否	否

局，這會讓我們在人際交往中如魚得水，同時也規避了許多風險和損失。諸如在購買汽車時，我們可以察覺銷售人員正在試圖隱瞞發動機輕微噪音的問題；當你準備買一棟房子時，你能夠發現房仲對於鄰居是否吵鬧這一問題一直閃爍其詞；當伴侶凌晨回家時解釋說是因為客戶應酬，你可以大致確認他是否在說謊。如果你能夠嫻熟運用在前面講述的方法，也許就能夠輕鬆面對日常生活中謊言帶來的挑戰。

目前，我們對於謊言的研究大都集中在言語和非言語線索上，比如我們通過觀察臉頰發紅，眼神逃避或者坐立不安等來判斷對方是否說謊。最有名的例子當然要數美國前總統克林頓在否認他與莫妮卡．陸文斯基的緋聞時摸了下鼻子——這個動作被認為是他撒謊的明顯標誌。然而，正如上面表格所總結的，即便是所有的言語和非言語以及生理線索都符合技術上的認定，我們也不能百分之百地肯定一個人在某個問題上說了謊——除非是明顯的邏輯漏洞，所以基於言語和情緒上的跡像只能作為說謊的參考線索，我們需將要這兩者結合起來綜合分析。而在現實生活中，語言內容和非語言行為往往是同時出現的，當我們同時使用兩種線索時，識別謊言的正確率高於單獨使用任何一種線索時的正確率。

伯明翰阿拉巴馬大學（University of Alabama at Birmingham）的心理學教授提姆西．列文（Timothy Levine）說，所有基於非言語線索的抓謊理論存在著這樣一種預設，即人們撒謊時會引發強烈的情緒，比如緊張、罪惡感甚至因說謊而產生的快感，這類情緒通常難以抑制。即便我們天生木訥呆滯，我們臉部的細微動作，還是會出賣我們。然而，隨著對說謊的深入研究，我們就會發現，只依靠任何一種單一的說謊線索，都不能輕率地判定一個人是否說謊，即便是極為精確的測謊儀，在司法領域的使用也需要遵循嚴格的程序——

在抓謊這個問題上，我們既不能以假為真，也不能以真為假。我們生活在一個如此多樣化的世界，人類行為的差異又是如此巨大。如果你夠熟悉一個人，那麼你就有可能發現他們說真話時的特點，但其他人的行為動作可能大相徑庭。「人們撒謊時的行為並不一致。」英國薩塞克斯大學的托馬斯．奧默羅德（Thomas Ormerod）說，「我說謊時會緊張地呵呵笑，而有的人會變得比平時嚴肅，有的人會進行眼神交流，而有的人則避免眼神交流。」對於一個善於說謊的人來說——確實如此——他擁有出色的「反偵察」能力。

四、什麼是高水平的說謊者

一個說謊者之所以被識破，要麼有認知上的困難，要麼就是他們處理情緒的方式暴露了謊言。一個好的說謊者，不是半個心理學家，就是洞悉人性弱點的高手，他一定是深諳說服之道的，就像〈國王的新衣〉裡那兩個說服國王脫下衣服光著身子遊行的騙子一樣，精心編織的謊言幾乎無懈可擊。

英國朴茨茅斯大學（University of Portsmouth）著名的社會心理學家阿德頓．維瑞

（Aldert Vrij）在他的《謊言和欺騙的檢測》（Detecting Lies and Deceit）一書中指出，一個高水平的說謊者至少要具備七方面的素質：①良好的準備；②有創作性；③思維敏捷；④雄辯；⑤良好的記憶力；⑥體驗不到說謊情緒；⑦善於表演。後來，他和他的研究團隊又總結出十八條特質。如果有人能將這些特質完美地結合在一起，那麼即使是經驗豐富的測謊專家也會束手無策。維瑞說，一個高水平說謊者應具備以下特質：

◆操控力

有操控者人格的人——或被稱為「馬基維利主義者」（Machiavellianism）——認同馬基維利（Niccolo Machiavelli）的觀點，認為達到某一政治或其他目的可以不擇手段。因此他們毫不介意撒謊，並將其視為一種常規手法。他們會經常性地說謊，並始終如一、持之以恆。他們不會因為說謊而感到任何不適，或有任何負罪感。

另外，他們並不覺得撒謊是什麼太難的事，他們習慣對他人冷嘲熱諷，藐視傳統道德，並且引以為榮，甚至公開宣稱自己會通過連篇謊話和操控他人來達到目的。他們詭計多端，聰明絕頂；他們慎而又慎，不會陷害那些可能會對他們施行報復的人，也不會輕易將自己送入監獄。

他們往往是對話的主導者，卻表現得輕鬆隨意、聰明自信。在挑選同伙的問題上，他們比操縱力較低的人更受歡迎。

◆演技精湛

高水平騙子一定是高水平演員，只不過他們是將生活當作大舞台，將其他所有人當作觀眾。觀眾能夠鼓舞信心，所以他們也對撒謊這一事業充滿自信，舉重若輕。

◆給人印象良好

我們喜歡那些能給我們留下好印象的人，即使他們很可能金玉其外、敗絮其中——看似誠實正直，其實包藏禍心。他們努力給人留下良好的第一印象，讓人們疏於防範，以至引狼入室而不自知。

◆風度翩翩更可信

翩翩的人比外表醜陋、形象邋遢、賊眉鼠眼的人更可信——即使我們明知不盡如是，外表不一定能反映內心。但我們不得不承認，我們更喜歡姿容俊秀、落落大方的人，更願意將他們視為誠實正直的人。

◆舉止自然

有一些行為，如舉止不安、直冒冷汗，令人可疑；另一些行為，比如容止自然、從容不迫、泰然自若，則令人更可信。舉止自然的人能很快適應突變的情勢，並說出令人信服的話——就好像這是自然而然的事。

◆經驗豐富

如同實戰經驗之於劍客，撒謊經驗對於騙子來說也絕不可少。過去的經驗可以幫助他們更好地控制情緒，比如負罪感或對被拆穿的恐懼感。在撒謊的過程中，控制情緒這一點尤為必要，因為情緒可能會通過行為和微表情，在不經意間流露出來，被人察覺。

◆充滿自信

俗話說得好，相信自己是成功的一半。在欺騙他人之前，要相信自己的欺騙才能足以應付一切。如果連自己都不相信自己的扯謊能力，還指望騙到別人嗎？

◆懂得偽裝情緒

說謊大師善於偽裝情緒。他們可以將自己的真實情感掩藏起來，而露出截然相反的表情。一般來說，表情豐富的人其情緒偽裝更能讓人信服——且慢，如果你正是這樣的人，先不要背地裡偷笑，認為別人難以發現自己的謊言，事實上，表情豐富的人更有可能洩露出自己的真實情感。有證據顯示，這樣的人往往更難抑制住內心的激烈感情。

◆口才優秀

情緒偽裝雖然難以做到，但優秀的口才絕對是個可以打磨的利器。口才出眾者說起話來滔滔不絕，他們往往憑藉冗長、反覆的對白為自己思考對策贏得更多的時間。

◆**準備充分**

倉促應付容易露出馬腳，但充分的準備將對臨場發揮的要求降到最低，使認知不至於超載。但是要做到面面俱到卻是難事一樁。

◆**說辭無法被證明或證偽**

用類似「我真的不記得了」來搪塞是一個構造謊言、隱藏真相的絕佳伎倆，因為「記得」或「不記得」很難被證明究竟是真是假。

◆**寡言少語**

正所謂言多必失。說話越少，提供的信息越少，對細節的描述就越少，也更難被發現是否說了謊話。

◆思考具原創性

即使是最高明的說謊大師也會遇到不可預測的情況。固然可以以不變應萬變，但是像背台詞一樣說謊話就顯得很不明智。因此，說謊高手應當具備能即時做出原創性的、令人信服的回應的能力。

◆快速思維

說話中的停頓，以及像「呃……」「那個……」之類的口頭禪都是說謊話的訊號，很容易被人察覺。因此說謊高手必須思維敏捷，即使面對炯炯目光也能思緒自如。

◆高智商

在說謊的時候，人腦必須同時處理大量複雜信息，因此撒謊必然會極大地增加認知負載。事實上，辨謊常用的一個心理學原理就是迫使認知負載突破極限，使嫌犯原形畢露。但是擁有更高智商的人可以更有效地對認知負載加以利用。

◆記憶力強

如果證詞前後不一致，必然會招致懷疑。騙子會記得他所編造的全部細節，以免搬起石頭砸了自己的腳——這就是為什麼強大的記憶力尤為必要。在偵訊中，嫌疑人往往被要求重複他們的證詞，因此他們必須能夠完整回想起他們編造的整個故事，甚至還要再加進一些輔助的細節。

◆始終不悖反事實

一般來說，那些看似「與事實相符」的謊言更有說服力。與其像天真的初學者一樣編造整個故事，說謊大師的陳述大部分都貼合事實，只在極少數關鍵細節上有所不同。比方說，如果你想就「上週六都乾了什麼」這一問題撒謊，你可以說，你在某一時間段去了某個健身房——但前提是你必須真的去過那個健身房，並且能夠真實、詳細地描述你在那個健身房裡的經歷和見聞。在這個謊言裡，你唯一編造的部分只是你去那裡的時間。

◆看透對手

騙子能夠覺察到對手的懷疑，並相應地調整策略。因此，不但要融會貫通，靈活應用每一個說謊技能，還要懂得適可而止，因為每一招都有暴露謊言的風險。

按照這個標準，一個成功的銷售人員可能是一個高水平的說謊者，他們在出售商品的過程中，經常擴大事實，因而很有說謊經驗。再者，他們似乎認為，誇大事實是他們工作的一部分，因此說謊時根本不會產生心理負擔。最後，他們也許知道自己是一個高水平的說謊者，即便被客戶發現了蛛絲馬跡，他們仍會處變不驚地想辦法彌補，直到顧客相信他們是一個誠實的人。

對於一個高水平的說謊者來說，簡單的語言線索和表情識別基本上是無效的。我們還需要更好的應對策略。

五、一個策略：開放式提問

由於個體的差異，對言語行為和話語內容分析常常會在實際運用中失靈，如一個善於編織細節的人可能會把真相虛構得天衣無縫，一個巧舌如簧的善辯之士比拙於語言的人會更少出現語言漏洞。而對於一個高水平的說謊者來說，他可能根本不會留下什麼說謊破綻和線索。無疑，這增加了非專業人士識別謊言的難度。

那麼有沒有更行之有效的謊言識別技術呢？為此，心理學家托馬斯．奧默羅德（Thomas Ormerod）和他的同行科拉．丹多（Coral Dando）設計了一個開放式情境談話策略。實驗選在歐洲的各地機場——倫敦、巴黎、柏林等等，他們要詢問旅客的乘機歷史和旅行計劃。實驗團隊為假乘客編造了逼真的機票和旅行相關文件。他們有一周時間來準備自己的故事，然後去歐洲各地機場混在普通乘客中間。接受過奧默羅德和丹多盤問技巧培訓的安保人員揪出騙子乘客的概率比觀察可疑跡象的人高二十倍，他們的識別率高達70%。研究發現，開放式會談會逼迫撒謊者詳細講述自己的故事，直到掉進他們自己營造的謊言迷宮裡。

開放式訪談有助於我們更加慎重地對待談話對象。對於大多數人來說，發現謊言的線索並非難事，但要確定撒謊行為本身是否成立則比較困難，其風險就在於對言語行為和話語內容進行分析有時可能會讓無辜者蒙受不白之冤。因此，最好的策略並非一發現謊言的蛛絲馬跡就立即揭穿他，而是讓談話者繼續說下去。怎樣才能讓撒謊者自己「出賣」自己呢？方法很多，比如，怎樣「發問」就需要有多方面的技巧。

(1) 迂迴式提問

①**採用不斷接近謊言本身的方法刺激撒謊者對此產生反應**。

當你懷疑一個人曾經偷竊，就不能直接詢問他「你三天前是否偷了摩尼家的汽車」，而是要問「你三天前是否偷了摩尼家的手機、錢包、汽車」。這時，撒謊者會對每一種答案產生強度不一的反應，你注意觀察，他一定會露出一些蛛絲馬跡。

②**問一些與事實無關的東西**。

假如一位警察質問罪犯：「案發時你去哪裡了？」這不如問：「你是晚上幾點到家的。」因為罪犯聽到第一個問題時就會提高警惕性，從而守口如瓶，但聽到第二個偏離案情的問題時就會放鬆心態。所以，這樣的問法更容易讓嫌疑人放鬆警惕。同時，警察在肢體語言上也要注意，不要看嫌疑人的眼睛，要把頭歪向一邊。

③**問一些情境問題**。

當一個人在被問到小學時和某個男孩打架，現在是否仍然記恨時，多數人會在輿論的壓力下說「不會記恨」。抓謊者如果問：「你還記得當時的情景嗎？」他會滔滔不絕地把其中的細節表述得一清二楚，這就暴露了他記恨的嫌疑，說明之前是在說謊。

④**問一些猝不及防的問題**。

調查者應試圖增加說謊者的「認知負擔」，比如問一些他們想不到、又有些難懂的問題，或者讓他們倒敘一件事，這些問題將加大說謊者自圓其說的難度。

迂迴式提問的關鍵是要和談話對象建立信任。這和刑訊專家羅斯·馬拉尼（Ross Mullaney）提出的「特洛伊木馬策略」類似，即在刑訊過程中，警察要佯裝相信犯罪嫌疑人的話，這樣犯罪嫌疑人就會放鬆警惕，不由自主地陷入自己編造的謊言中，而這恰恰大大提高了犯罪嫌疑人洩露秘密的機率，羅斯說：「警察要不斷引導和鼓勵犯罪嫌疑人撒謊，以及讓他在謊言中加入越來越多的細節。確切地說，此時警察也在欺騙、在撒謊，你可以想像一下，若是警察一開始就對犯罪嫌疑人明確表明他在撒謊，對於那些老實巴交的犯罪嫌疑人來說，這一招似乎還管用。這並不是什麼不正當的行為，因為只有它才能對付撒謊者。」

這和德國哲學家叔本華（Arthur Schopenhaue）的抓謊建議有異曲同工之妙：「如果我們懷疑一個人說謊，我們就應該假裝相信他，因為他會變得愈來愈神勇而有自信，並更大膽地說謊，最後會自己揭開自己的面具。」

然而，這又引發出了一個新的問題：這是不是欺騙呢？並因此引發道德上的衝突和焦慮？

(2) 要避免對方直接式的回答

直接式的回答就是當你提出問題後，撒謊者不能以簡簡單單的「是」「不是」「對」「錯」「可以」「不可以」之類的詞語來回答，最好的辦法是用開放的方式發問，這樣做的原因部分如下：

若想從撒謊者口中得到更多的信息，避免直接式的回答會讓他在陳述時必須以盡可能完整的語言來描述事情的經過和自己的觀點。

當你面對撒謊者時，避免直接式的回答，對方會在表述過程中不自覺地露出馬腳，話說得越多漏洞就會越大，尤其是面對意志不堅定的撒謊者時更容易語無倫次。

當你希望和對方聊天時，若運用開放的、迂迴的方式發問，不僅能讓雙方的談話內容有所增加，還會使雙方聊得很愉快，乃至在循序漸進的談話中達成某種共識。尤其是運用共同的愛好，會更容易讓雙方產生情感上的共鳴。比如，當警察了解到罪犯是一位高爾夫球的高手，就可以有意無意地撇開案情，將話題轉到高爾夫上，這就會利於破案。

(3) 連串式發問

連串式發問就是快速地向對方發出一系列問題，之後請對方逐一地回答。這種形式的技巧能比較準確地窺探出對方的真實心理，不僅能反映出對方的口才能力，還能反映出其思想的邏輯性和條理性。尤其是在面對撒謊或是「心中有鬼」的人時，他的心裡會混亂不安，在回答過程中最能暴露陰謀。例如，上司在例會上針對你之前的工作提出了質問：

「你計算過因為你的失誤給公司造成了多大的損失嗎？這究竟是什麼原因造成的，你想過了嗎？我認為這並非你的能力出現了問題，而是工作態度不端正，不是嗎？你考慮過怎樣來彌補損失嗎？你還能保證今後不出現類似的問題嗎？」當你面對這一連串的問題時，心情一定壞極了，而且來不及思考第一個問題就要接著去聽下一個問題。而且上司的每個問題在邏輯上都層層遞進，如果是沒有充分的準備和過強的心理素質，你的回答一定會在某些環節中出現漏洞。

(4) 重複式發問

美國聯邦調查局（FBI）的警察們在審問犯人時，經常用的一招就是反複審問同一個問題，這樣能比較準確地窺探出對方的心理。

罪犯在面對警察的第一次提問時，會毫不猶豫地說出早已準備好的謊言，言辭也會鏗鏘有力。而當警察隔一段時間第二次審問時，罪犯會依舊能保持比較好的心理素質，還會振振有詞地把謊言重複一遍。之後，警察在很長一段時間內不再問到這個問題，罪犯的防禦心理就會放鬆，認為這個問題已經過去了。此後，警察會在某個不確定的時刻「突然襲擊」，罪犯的防禦狀態已經消失，此時要麼會情緒高漲，要麼會突然緊張，就會不自主地說出一些和之前陳述不吻合的信息。

與封閉式談話相比，開放式問題不但能夠讓說謊者暴露更多的說謊線索，而且能讓談話變得有趣和更有深度，還能改變我們與他人的交流方式和習慣。開放式問題就像問答題一樣，不是一兩個詞就可以回答的。這種問題需要解釋和說明，同時向對方表示你對他們說的話很感興趣，還想了解更多的內容，而說話者也因此會繼續饒有興致地說下去。

面試中的謊言：面試選擇中被告知的典型不實

面談中的謊言因其難以識別，大多數具有高風險性。這是因為很多應聘者都是身經百戰的職場人士，有很多次面試經驗，或者天生就是撒謊家。他們長於交際，善於察言觀色，具有隨機應變的能力，不會因為考官的意外的提問而怯場。他們往往因為長得漂亮而給人以信任、坦誠的感覺（對其他求職者來說，這當然是不公平的）。自然而然，他們通常屬於那種高度自信、表達流利的一類人，甚至對自己在面試中能夠「欺騙」面試官而得意洋洋，他們憑直覺知道如何表現從而讓考官覺得自己是值得信賴的。

人力資源專家馬克斯．艾格特認為面試中有許多不同類型的謊言。他們為面試官列了一些清單：

①善意式謊言。一些求職者往往喜歡在求職簡歷中美化自己，例如：「我完全信守團隊精神」、「我有優秀的社交技巧和閱讀能力」、「我完全是值得信賴和忠誠的」。當然這可能是如實描述，但關鍵在於這些問題是「誰說的？證據在哪裡？」最好的解決方案是直接忽略這些陳述，親自驗證一下。

②利他式謊言。這種謊言企圖掩蓋事實真相，使人看起來他們好像是在幫助他人。比如他們不會說離開上一份工作是因為他們的經理的橫行霸道，或公司

前景黯淡，而是說辭職是為了尋找新的挑戰。

③遺漏式謊話。這種謊言最為常見，求職者有意或者無意省略一些事實。比如，故意不提在學校成績的細節，因為這可能是他們糟糕的污點。或者有段工作經歷故意略去不說，可能是因為他們在那段時間頻繁地更換工作。

④防守式謊言。比如當你詢問求職者前老闆的管理風格、求職者離開的理由或他們的健康情況，你常常會收到一系列模糊的表達，如「和我的同事一樣」，「跟當時差不多」。這就是防守式謊言。

⑤誇大式謊言。這種謊言往往產生在求職者描述集體負責某個項目時。比如「今年的合計翻了一倍」，「我負責預算超過三百萬。」經常很難證實這些成績是求職者自己取得的還是他人取得的。

⑥嵌入式謊言。這是一個容易使面試官困惑的詭計。比如「我真的喜歡在牛津時度過的那些時光」，這究竟是什麼意思呢？基本上和面試毫無關係。有些求職者喜歡誇大或者描述一些過去的工作經歷，無外乎是想暗示自己多麼優秀。

六、解讀謊言線索時需注意的問題

我們在抓謊時，不僅會犯錯誤，還極容易犯錯誤，所以你必須注意一些要點，做好各種預防措施。撒謊者也可能會在臉部表情上洩露出一絲與謊言不吻合的表情，或是在情急之下說出一些之前刻意隱瞞的言辭，這根本無需抓謊，撒謊者就是抓謊者，謊言會不攻自破。而在抓謊時，一個小小的動作、一個不經意的眼神、僅有幾個字的說辭等等，其中的可信度到底有多少呢？我們怎麼才能準確地判定一個人是否在說謊呢？作為一位優秀的抓謊者，必須注意以下九點：

◆如果憑直覺預感到對方在撒謊，那麼，先不要急於下結論，要盡快找出自己為什麼會產生這種想法，根源在哪裡。只有多層次、多方面地反省和認識自己是如何解讀這些撒謊的線索後，才能學會發現自己的錯誤，認清自己何時能做出正確判斷，何時不能。

◆抓謊時一定要迴避兩個陷阱。誤假為真——把撒謊的人判斷為誠實的人；誤真為假——把老實人斷定為撒謊的人。儘管這是一個不經常發生的概率，但很難完全避免，而且造成的後果比較嚴重，所以必須慎重。

◆ 在面對嫌疑人時，沒有發現撒謊的訊號或跡象並不代表他就是一個誠實的人，因為有的謊言一時間是看不出來任何破綻的。反言之，當你發現嫌疑人的撒謊線索時，也不能立即斷定他就是撒謊者，因為這些所謂的線索在有些人身上是不可行的，就如有些十分老實的人，即使他沒有撒謊行為，但遭到質問時，仍會有一種負罪感和心理上的不安。這裡就要避免布羅考陷阱（Brokaw hazard），即不能忽略表現行為中的個體差異。所以，為了避免失誤，抓謊者要在對撒謊嫌疑人平時的行為、其他方面的舉動進行綜合分析後再判斷。

◆ 面對撒謊嫌疑人時，不要急於下判斷，要先審視一下自己是否有先入為主的傾向，甚至還要考慮一下這些成見對你做出判斷的影響有多少。你對撒謊嫌疑人是否有嫉妒、懷恨、藐視、輕視等主觀情感，這些你一定要消除，否則就不要去做斷定。另外也不能將難以解釋的現象歸結為嫌疑人在撒謊，這的確是一種省事的辦法，但卻是極其不理性的。

◆ 不要貿然地把情緒訊號視為撒謊的線索，應該先考慮一下誠實的人也會做出此舉的可能性。如果一位誠實者遭到質疑，可能是因為他個人的性格原因、與抓謊者的相處經驗、對抓謊者的心理預期等，都可能產生如此情緒的話，就應該具體問題具體分析。

◆不要將撒謊的線索僅僅局限於情緒訊號，對待同一個線索產生的原因，可能是嫌疑人誠實時產生的情緒訊號，也可能是撒謊狀態下的情緒訊號，必須認真區別對待。

◆撒謊嫌疑人是否已經知道自己被別人懷疑了？這兩種狀態下做出的對策應該是不一樣的，要分別找出其中的利弊。

◆抓謊者若是知道了撒謊者極其隱秘的謊言，就可以採用「犯罪知情測試法」[15]來進行抓謊。

◆不要完全根據自己對撒謊線索的解讀來下結論，你要知道，從這些行為線索中是無法得出絕對證據的，只能提醒和推動撒謊者從而進一步搜尋信息和調查的依據。

15 犯罪知情測試是警察在對犯罪嫌疑人進行心理測試時最常用的方法。操作方法是，刑偵人員並不直接詢問嫌疑人是否犯罪，而只是提出一些只有犯罪者才知道的事情。在測試中，刑偵人員對嫌疑人提出一系列選擇題，每個問題中只有一個選項是犯罪現場的情況，其他則是乾擾選項。每個答案被讀到時，嫌疑人都要回答「不是」或「我不知道」。假如嫌疑人知道正確答案，通過測謊儀，在提到正確選項時，可以檢測到嫌疑人的自主神經系統活動，而無辜者對每個選項的神經活動反應是相同的。

七、抓謊為何失敗？

到了這裡，我們就不能迴避這一事實，即在很多情況下，我們為什麼抓謊失敗。當然，研究這個問題也是為了不斷完善我們抓謊的技能，提高抓謊的成功率。事實上，無論是專業的測謊儀器、受過訓練的抓謊專家，還是仔細觀看過《別對我撒謊》的普通民眾，我們抓謊的成功率都不可能百分之百。為此，德克薩斯基督教大學（Texas Christian Universi）的查爾斯．邦德（Charles F. Bond Jr.）和加州大學聖塔芭芭拉分校（University of California，Santa Barbara）的貝拉．德保羅（Bella DePaulo）進行了調查。通過回顧二〇六個相關研究，他們發現，人們分辨謊言與真話的平均正確率大約只有54%，而且大部分錯誤源於他們把謊話當真（Bond和DePaulo，2006）。

普通人的測謊水平只有50%多一些，那麼警察、法官這些專業人士呢？很遺憾，他們非但沒能表現得更火眼金睛，反而比普通群眾的正確率還要低。之所以如此，是因為專業人士太專業了，以至更傾向於把真話當成謊話，把所有那些遲疑、緊張、小動作都當成是對方說謊的線索了，這容易導致在抓謊過程中誤真成假。

對於受過訓練、掌握抓謊技術的人來說，抓謊之所以失敗，原因是多方面的。現實生活中，並不存在典型的非言語欺騙行為，並且欺騙行為會隨著不同的欺騙對象、不同的情境發生改變，說實話的行為和說謊的行為並不存在多大的差異。綜合說來，大概有以下幾個因素：

◆**觀察的時間較短，抓謊者過於自我，或是觀察的環境有局限**。

有很多抓謊者下結論時，僅僅憑著第一印象就迅速斷定，根本就沒有做一個理性的判斷，這樣就會造成其中的感性成分過大。有時是機會不允許，比如抓謊者可能和對方只是一面之緣，或只有短短幾分鐘的面談，自然會造成抓謊者捕捉到的信息量偏小或產生誤差。

◆**對抓謊對象的不熟悉**。

我們前面章節提到的「水門事件」中，約翰·西瑞卡（John Sirica）法官和他的同事們對迪安的證詞的錯誤判斷就是很好的證明。由於法官對迪安不太熟悉，只是從表象和經驗判斷，因此陷入了「布羅考陷阱」。

當然，對嫌疑人的熟悉並非抓謊的必要條件，因為有的抓謊行為就是在對嫌疑人毫不知情的情況下成功進行的。了解嫌疑人只對提高抓謊準確性有一定的參考價值，能夠為甄別他們的特有行為提供判斷基礎。

在抓謊過程中，我們面對自己熟悉的對象時必須迴避一點，即不能因為熟知而忽視或減少妨礙抓謊的線索。慣性地信任一個人就會降低戒心，在模棱兩可時通常會不自覺地偏向積極的一面。當然，抓謊者熟悉嫌疑人絕對是有好處的，那就是對嫌疑人根本不相信有充分的理由知道對方在撒謊，並且對他的撒謊特徵和跡象熟記於心。

◆**我們的本性並不善於抓謊，寧願受騙也不願意揭穿謊言**。

儘管我們在被騙時會付出一定的代價，但是很多人寧願相信謊言也不願意去面對現實，因為一旦揭破謊言，就會造成一定的風波，揭穿謊言的成本遠遠大於收益。當然，這裡指的是一般性的、不會造成巨大損失的謊言，多在婚姻、家庭、朋友之間發生，謊言被揭破，會破壞彼此的親密關係。

◆**出於禮貌，我們有時不願意去抓謊**。

我們從小就被大人教育，在人際交往中一定要保持禮貌，不該說的、不該問的不要做。比如，當別人有尷尬行為時，我們即使看到了也應該裝作沒有看見，更不要去直視對方。

這就是普遍認為的客套性禮節，講話者樂於去承擔責任，在這種場合下，說出謊言會比隱瞞更可怕。例如前一天，同事和你因為工作吵得不可開交，甚至大打出手，而在第二天早上上班時，你們正好碰面，你問：「昨天沒事吧。」他答：「沒什麼，我很好。」這就是典型的撒謊，只是在應付一種交際場面。對方要是說出真心話，你也指出對方是在說謊，將會更加激化雙方的矛盾，因此，雙方都寧願撒謊也不說出實情。

◆ **我們經常被誤導，揭露真相會付出代價，所以就會不自覺地成為撒謊者的同謀。**

有時戳破謊言會付出沉重的代價，所以當事人都假裝糊塗。比如，一個已知道丈夫有外遇的妻子，儘管內心非常痛苦，但是還對婚姻抱有一線希望，因此對詢問的父母掩飾了真相。

還有一種共謀現像是集體欺騙。阿加莎．克里斯蒂（Agatha Christie）的《東方快車謀殺案》（Murder on the Orient Express）中，一個富翁被殺，火車上所有人都有動機，卻塑造了一個貌似存在的人因財謀殺了富翁。事實上，所有人都是謀殺犯，他們集體謀殺了富翁，集體製造不在場證明，用集體的力量撒了一個大謊。

從以上幾點我們可以看出，抓謊失敗並非完全因為沒有能力識別謊言，在有些情況下抓謊者心知肚明，但出於種種原因不願意去揭穿。然而，一個不容迴避的事實是，為什麼那麼多謊言和騙局看起來是那樣低級呢？在接下來的章節裡，我們將從說謊者的角度來探討，為什麼有時候真相是那麼難以揭穿。

第六章
如何避免謊言陷阱Ⅰ：說謊者的說服策略

丹尼爾．古爾班記不起來他一生的積蓄是怎麼消失不見的了。

他記得電話中一個推銷員甜美動聽的聲音，他記得自己夢想在石油和白銀期貨交易中大賺一筆。但直到今天，這位八十一歲的公用事業服務公司的退休工人還不明白那些騙子們是怎麼騙他的，讓他失去了一萬八千美元。

「我只是希望我的晚年過得好一點。」佛羅里達州霍耳德市的居民古爾班說，「但當我知道真相後，我寢食不安，體重減輕了三十磅。我至今仍不相信我會做出那樣的事來。」

古爾班是被執行官稱為「鍋爐房行動計劃」的受害者。這種計劃通常是騙子公司僱幾十個花言巧語的電話推銷員，讓他們擠在一個小房間裡，每天給上千人打電話，騙他們掏錢來買股票。根據美國參議院發表的一份報告稱，這種公司每年可以從那些輕信的顧客身上騙取幾億美元。

「他們使用讓人印象深刻的華爾街地址，再加上謊言和詭計，使許許多多的人把錢投到各種被他們吹得天花亂墜的投資計劃中去。」過去四年追踪過十幾起這類案件的紐約州司法部長艾布拉姆說：「在他們甜言蜜語的勸說下，受害者有時侯會把一輩子的積蓄都拿出來。」

投資者安全和保護局負責人、紐約司法部部長助理米哈伊說，行騙方法通常分為三步。第一步是打「開場電話」，電話中推銷員自稱是某公司的代表，並報上令人印象深刻的公司名稱和地址，這時他只是要潛在顧客接受宣傳公司的資料。第二次電話就是叫賣了，米哈伊說。推銷員首先說到投資可以帶來豐厚利潤，然後再對顧客說可惜投資時機已過。第三次電話則是給顧客一個參與交易的機會，並且顯得很緊急的樣子。

「他們的策略是把誘人的果子在顧客面前晃一下，然後把它拿走。」米哈伊說，「目的是為了讓人們不要想得太多，趕快行動。」「有時推銷員會在第三個電話中上氣不接下氣地告訴顧客，他剛從交易廳出來。」米哈伊說。

正是這種策略讓古爾班相信了他們的話，把一生的積蓄投了進去。古爾班說，一九七〇年，一個陌生人反覆打電話給他，勸他電匯一七五六美元去紐約買白銀期貨。後來，這個推銷員又給他打了好幾次電話，勸他電匯六千多美元去買石油期貨。最後他又電匯了九七四〇美元，但他從來沒有見到過一點利潤。

「我的心都碎了。」古爾班回憶說，「我並不貪婪，只是希望日子過得好一點。」古爾班再也沒能挽回他的損失。

一、一個好的謊言就是一次成功的說服

絕不是我危言聳聽，這樣的事情每天都在上演著，據美國聯邦調查局（FBI）互聯網犯罪投訴中心最新發布的一份報告顯示，二〇一四年網絡詐騙的損失預估超過了八億美元。而 Truecaller 現任首席執行官艾倫．馬莫迪（Alan Mamedi）表示：「在美國每年因電話詐騙造成的損失至少超過八十六億美元，而且這是非常保守的數字，實際上美國用戶的損失可能會更大更多。導致損失如此嚴重的主要原因是層出不窮的詐騙手段和未經檢查的

手機帳單。」

在日常生活中，古爾班遇見的事情你也一定遇見過類似的例子，比如星期天你去商場購物，驚喜地發現你一直想買的衣服在限期限量打折促銷，你摸摸看看，饒有興味的樣子，這時候營業員走過來，熱情地介紹說：「這件衣服確實適合你，穿上去很顯瘦。價錢也不貴，而且我們正在搞活動。今天是最後一天了。」你高興地買下來了。不巧的是，過了一周，你又去了商場，看見他們還在打折，而且價格比上週還便宜。這時，你就會有一種上當了的感覺。「在這個州裡，這種引擎的敞篷車不超過五輛，賣完就沒有了，因為我們不再生產了。」「整個小區就剩下兩套房子了，那一棟我想你不會感興趣的，因為臨近馬路。」諸如此類的例子是不是經常遇到？事實是，某些商店一年四季都在打折，你高價買來的汽車在你居住的州絕對不止五輛，你看房子的小區未出售的房子也不止兩棟。

人世間的騙術大抵如此：騙子首先把自己偽裝成權威的樣子，然後再打一個電話利益誘惑並造成資源緊缺的樣子，最後一個電話則是「現在機會來了」。其實也難怪古爾班老人上當，實在是騙子太過精明——在這短短的三個電話裡，騙子就運用了兩個社會心理學原理：服從權威和資源稀缺，因而成功地說服了古爾班老人，誘使他做出了錯誤的決策。

所謂服從權威，是指對權力的一種自願的服從和支持。人們對權力安排的服從可能有被迫的成分，但是對權威的安排的服從則屬於認同。這方面最權威的研究要數斯坦利．米爾格拉姆（Stanley Milgram）了。一九六一年起，在耶魯大學（Yale University）任教的心理學家米爾格拉姆進行了一系列後來聞名於世的研究。實驗的基本方法是：實驗者招聘了四十名不同職業的市民，告訴他們參加一項名為「懲罰對學生學習的影響」的研究。他們充當「教師」，在實驗者的指令下，當「學生」在學習中出現錯誤時，對「學生」施加強度和痛苦程度不斷增加的電擊。儘管學生以各種形式反抗，有二十六名受試者在實驗者的命令下，堅持到最後，對「學生」施加了最強程度的電擊。米爾格拉姆的研究小組隨後改變了實驗的要素，做了十九個獨立實驗，實驗對象多達一千人。這一實驗的設計與結果震驚了全球心理學界，德國、義大利、澳大利亞等國的心理學家在不同時期重複了這一實驗，得到的結果基本上是相同的：在權威的命令下，即便是有辨別能力的成年人也幾乎願意做任何事情。米爾格拉姆實驗的結果很令人沮喪。在哥倫比亞廣播公司的一次談話節目裡，米爾格拉姆傷感地說：「在觀察了成千上萬人之後，我可以這樣說，如果在美國建立像納粹德國那樣的死亡集中營體系，我們會發現，在美國任何一個中等規模的城鎮都能找到足夠多為集中營工作的人員。」

地位高的人往往擁有更大的權威。米爾格拉姆在他的服從實驗報告中說，地位低的人往往比地位高的人更容易服從。一位三十七歲的焊工被實施了四百五十伏電擊後，他轉過身，畢恭畢敬地問道：「教授，我們現在去哪啊？」而另一位神學院教授，在電壓加到一百五十伏的時候就開始反抗了，他不斷地質問：「你們這樣做合乎道德嗎？」在莎士比亞（William Shakespeare）的經典戲劇《哈姆雷特》（Hamlet）裡，我們可以看到這樣戲劇性的一幕，迫於身份的壓力，波洛涅斯不得不隨著哈姆雷特的說法不斷改變說法：

哈姆雷特：你看到那片像駱駝一樣的雲嗎？

波洛涅斯：哎喲，它真的像一頭駱駝。

哈姆雷特：我想它還是像一頭鼬鼠。

波洛涅斯：它拱起了背，真像一頭鼬鼠。

哈姆雷特：還是像一條鯨魚吧？

波洛涅斯：很像一條鯨魚。

作為社會的一員，我們的行為並不總是出於自己的意願，相反，我們要常常對權力予以服從。從小到大，我們的教育和文化都促使我們相信，如果不服從規則或權力，就可能會被學校開除、被公司解僱或被人逮捕。《舊約》（Tanakh）開篇就講，由於不服從上帝的命令，亞當和夏娃被永遠地逐出了伊甸園。而服從則會帶來一定的好處，被人喜歡，獲得權威的青睞，升職加薪，獲得更多的知識、榮譽或地位。因此，在日常生活中，人們也越來越習慣於服從權威，並且不由自主地受一些權威化符號的影響。比如，我們更傾向於選擇購買明星代言的產品，喬丹平時就穿那鞋，那會有什麼問題？在沒有真正權威的情況下，權威象徵符號就能觸發我們的順從態度，因此，騙子大都擁有許多嚇人的頭銜，光鮮的衣著打扮，駕駛著拉風的高檔汽車——他們明白，這樣看起會十分可靠，而一個可靠的傳達者給人的感覺就是值得信賴的專家。因此，那些講話預期果斷、語速較快並直視聽眾眼睛的人通常較為可信，一個具有吸引力的信息傳達者在品位和個人價值方面也非常有效。「看見他們的公司地址在華爾街，我就信了。」古爾班老人說。

騙子打給古爾班的後兩個電話則是運用了稀缺性原理[16]。當一樣東西變得稀有的時候，我們就越想得到它，渴望一件眾人爭搶的東西，幾乎是出於人的本能。稀缺性原理最常見的表現方式就是數目稀少、截止日期、機會珍貴等等。稀缺性可以讓人著魔，在本能的驅使下，人們甚至不會在乎事物的本身，而只顧享受競爭帶來的快感。

一個高水平的謊言或欺騙通常意味著說謊者進行了一次成功的說服。外遇的妻子成功地瞞過了丈夫，相信她只是在給同伴打電話聊明天去海濱度假是說服；母親相信了孩子晚上十一點才能回來，是因為車壞了的藉口也是一次成功的說服；希特勒故意與史達林簽下《蘇德互不侵犯條約》（Molotov–Ribbentrop Pact），以使史達林相信德國絕對不會從東線出兵進攻蘇聯也是一次成功的說服。

16 這項發現要歸功於亞利桑那州大學的心理學教授羅伯特．西奧迪尼（Robert Cialdini）。在《影響力：說服的心理學》（Influence: The Psychology of Persuasion）一書中，西奧迪尼提出了人類相互關係和影響的六大原則：權威性——人們會聽從可信的專家；偏好——人們對自己喜愛的事物更加積極；社會認同——人們會利用他人的例子來證實怎樣思考、感覺和行動；承諾和一致——一旦我們做出了某個決定，或選擇了某種立場，就會面對來自個人和外部的壓力，迫使我們的言行與它保持一致；互惠——我們應該盡量以相同的方式報答他人為我們所做的一切；稀缺——機會越少，價值就越高。害怕失去某種東西的想法比希望得到同等價值東西的想法對人們的激勵作用更大。一個厲害的騙子即便不知道這些社會心理學原理，也能無意識地運用這些原理，比如騙走古爾班老人一萬八千美元養老積蓄的騙子。

二、人為什麼容易被謊言說服？

第二次世界大戰期間，擔任納粹德國宣傳部長、負責「大眾啟蒙」的戈培爾（Paul Joseph Goebbels）深刻地意識到說服的力量，他曾經對希特勒承諾說，只要把德國的出版、廣播、電台、雜誌報刊交給他，他就能說服德國人接受納粹的思想。

戈培爾有句名言：「宣傳只有一個目標——征服群眾。所有一切為這個目標服務的手段都是好的。」在這種思想的指引下，戈培爾先後控制了德國的圖書出版、電影、電台、雜誌、劇院、大學等文化藝術部門。德國境內的一切輿論工具都掌握在納粹手中，各項文藝娛樂事業也逃不脫被納粹操縱的命運。

戈培爾的宣傳哲學

我們的宣傳對象是普通老百姓，故而宣傳的口吻須粗獷、清晰和有力。真理是無關緊要的，完全服從於策略的心理。

我們信仰什麼，這無關緊要；重要的是只要我們有信仰。

宣傳的基本原則就是不斷重複有效論點，謊言要一再傳播並裝扮得令人相信。

群眾對抽象的思想只有一知半解，所以他們的反應較多地表現在情感領域。情感宣傳需要擺脫科學和真相的束縛。

如果撒謊，就撒彌天大謊。因為彌天大謊往往具有某種可信的力量。而且，民眾在大謊和小謊之間更容易成為前者的俘虜。因為民眾自己時常在小事情上說小謊，而不好意思編造大謊。他們從來沒有設想編造大的謊言，因而認為別人也不可能厚顏無恥地歪曲事實……極其荒唐的謊言往往能產生效果，甚至在它已經被查明之後。

大眾傳播媒介只能是黨的工具，它的任務是向民眾解釋黨的政策和措施，並用黨的思想理論改造人民。

宣傳是一個組織的先鋒，宣傳永遠只是達到目的的手段。

宣傳如同談戀愛，可以做出任何空頭許諾。

即使一個簡單的謊言，一旦你開始說了，就要說到底。

謊言重複千遍就是真理。

報紙是教育人民的工具，必須使其為國家服務。

報紙上的言論，應當趨於一致的目的，不能被出版自由的邪說所迷惑。

報紙的任務就是把統治者的意志傳遞給被統治者，使他們視地獄為天堂。

人民大多數比我們想像的要蒙昧得多，所以宣傳的本質就是堅持簡單和重複。

必須把收音機設計得只能收聽德國電台。

為了能讓民眾們無論在哪裡、無論什麼時間、無論正在幹什麼都能在第一時間聽到元首的最新指示，戈培爾在當時德國的收音機普及率很低的情況下，下達了集體收聽廣播的命令，並且把廣播時間安排在上班時間播出。在類似餐館、咖啡館甚至街頭這類公共場所裡也配備了收音機和大喇叭，這樣一來人們就能及時地聽到元首長達兩、三個小時的演講了。

德國的報紙同樣成了戈培爾的領地，雖然納粹沒有形成一統天下的局面，但是戈培爾還是通過購買、清洗、控制股份、審查、停刊等手段有效地完成了對報刊業的清洗和控制。至此，戈培爾幫助希特勒完成了德國只能聽到一種聲音的任務。

戈培爾對新聞的管制，細緻入微。當過駐德記者的威廉．夏伊勒[17]（William Shirer）這樣寫道：「每天早晨，柏林各日報的編輯以及德國其他地方的報紙駐柏林的記者，都聚集在宣傳部裡，由戈培爾博士或者他的一個助手告訴他們：什麼新聞該發布，什麼新聞要扣下，什麼新聞怎麼寫和怎麼擬標題，什麼運動該取消，什麼運動要開展，當天需要什麼樣的社論。為了防止誤解，除了口頭訓令外，每天還有一篇書面指示。對於小地方的報紙和期刊，則用電報或信件發出指示。」

那麼，生活在第三帝國的德國人被他「征服」了嗎？雖然大部分德國人沒有被他說服去屠殺猶太人，但的確有很多人被說服了，其中一部分人讚成反猶，一部分人猶豫不決，一

17 美國著名駐外記者、新聞分析員和世界現代史學家。他為哥倫比亞廣播公司擔任戰地記者期間，報導了許多有關納粹德國從興起到滅亡的經過。著有《柏林日記》《第三帝國的興亡》《第三共和國的崩潰》等書。

部人像阿道夫・艾希曼[18]（Adolf Eichmann）那樣選擇了默認，做了帝國的一顆螺絲釘。如果沒有數百萬人的同謀，這場慘絕人寰的大屠殺也許根本就不會發生。

是什麼說服了德國人支持這場非正義戰爭的呢？一個可能的解釋是人們傾向於與他們所在的集體保持一致的態度，例如，為了和其他「投資人」保持一致，古爾班老人毫無保留地選擇了相信騙子。為了不讓其他人看出自己是愚蠢的或者不稱職的，〈國王的新衣〉裡的大臣和市民成了共謀。在莎士比亞（William Shakespeare）戲劇《尤利烏斯・凱撒》（Julius Caesar）中，我們見識到了這種「集體一致性」的威力：

安東尼：善良的靈魂啊，當你而不是我們凱撒的衣袍被損壞時，你為什麼會哭泣？你來看看吧。就像你看到的那樣，這就是被叛徒弄傷的他。

市民甲：多可憐的景像啊！

市民乙：高貴的凱撒啊！

18 阿道夫・艾希曼是納粹德國的一名軍官，曾在屠殺猶太人中扮演重要角色，戰後化名逃往阿根廷，一九六〇年被以色列特工抓獲，一九六一年，以色列在耶路撒冷對艾希曼進行了刑事審判。這場審判後來因為漢娜・阿倫特（Hannah Arendt）的一本著作《艾希曼在耶路撒冷》（Eichmann in Jerusalem: A Report on the Banality of Evil）而聞名於世。阿倫特當時作為《紐約客》的特派記者前往耶路撒冷報導該審判，在旁聽審判、閱讀了大量案卷並親自採訪艾希曼之後，阿倫特認為被人們描繪成一個十惡不赦的「惡魔」的這個人，實際上僅僅是一個平凡無趣、近乎乏味的人。阿倫特因此提出了一個著名的觀點「平庸的惡」。艾希曼之所以簽發處死數万猶太人命令的原因在於他根本不動腦子，他像台機器一樣順從、麻木。

市民丙：真是天殺的一天！

市民丁：叛徒，惡棍！

市民甲：最血腥的景象！

市民乙：我們要報仇！

所有的人：報仇！去搜查！燒吧！放火吧！殺吧！不能讓任何一個叛徒活著！

特別是在群體裡，人的思維會變得極端盲目，容易形成團體迷思（Groupthink），歐文·賈尼斯（Irving Janis）的研究發現，在一個較有團隊精神的團體，成員為維護團體的凝聚力，追求團體和諧和共識，忽略了最初的決策目的，因而不能確實地進行周詳評估的思考。團體迷思具有以下特徵：

◆無懈可擊的錯覺

群體過分地自信和盲目地樂觀，忽視潛在的危險及警告，意識不到一種決策的危險性。

◆集體合理化

群體通過集體將已經做出的決策合理化，忽視外來的挑戰。一旦群體做出了某個決策，更多的是將時間花在如何將決策合理化，而不是對它們重新審視和評價。

◆對群體道德深信不疑

成員相信群體所做出的決策是正義的，不存在倫理道德問題，因此忽視道德上的挑戰。

◆對外偏見

傾向地認為任何反對他們的人或者群體都是邪惡和難以溝通協調的，故此不屑與之爭論；或者認為這些人或者群體過於軟弱、愚蠢，不能夠保護自己，認為自己群體既定的方案則會獲勝。

◆對異議者施加壓力

群體不欣賞不同的意見和看法，對於懷疑群體立場和計劃的人，群體總是立即給予反擊，但常常不是以證據來反駁，取而代之的是冷嘲熱諷。為了獲得群體的認可，多數人面對這種嘲弄時會變得沒有了主見而與群體保持一致。

◆**自我審查**

成員對於議題有疑慮時總是保持沉默，忽視自己心中產生的疑慮，認為自己沒有權力去質疑多數人的決定或智慧。

◆**全體一致的錯覺**

這是群眾壓力和自我壓抑的結果，使群體的意見看起來是一致的，並由此造成群體統一的錯覺。表面的一致性又會使群體決策合理化，這種由於缺乏不同的意見而造成的統一的錯覺，甚至可以使很多荒謬、罪惡的行動合理化。

◆**心靈守衛**

某些成員會有意地扣留或者隱藏那些不利於群體決策的信息和數據，或者限製成員提出不同的意見，以此來保護決策的合法性和影響力。

在人類的整個歷史上，團體迷思已經導致了一些災難性決策，如法國大革命中的屠殺、納粹德國的反猶運動，都有團體迷思的影子。二〇〇四年，美國參議院情報委員會發表了伊拉克情報失誤報告，嚴厲批評了美國情報部門在伊拉克戰爭前，誇大伊拉克大規模殺傷性武器的威脅，指出情報部門的過失是源於團體迷思。

除了群體思維對國家行為做出合理化解釋之外，那些經過篩選的看起來可信的信息同樣會影響、塑造我們的態度，戈培爾就這樣成功地說服了許多德國民眾相信他的納粹謊言。一九四〇年八月二十八日晚間，英國轟炸機首次在柏林炸死了德國人。第二天，戈培爾命令報紙聲討英國飛機「攻擊手無寸鐵的柏林婦孺的『野蠻暴行』」。他讓報紙向德國人灌輸，德國戰機只攻擊英國的軍事目標，可是「英國海盜」卻根據「邱吉爾本人的命令」，專挑德國的非軍事性目標攻擊。八月三十一日，一個德國護士問得了流感而去醫院看病的哥倫比亞廣播公司駐德記者夏伊勒：「為什麼他們要這樣做？」夏伊勒告訴她：「因為你們轟炸了倫敦。」可這位護士小姐卻反駁說：「是的，但是我們攻擊的是軍事目標，而英國人卻轟炸我們的房子。」

三、謊言的說服路徑

一個成功的謊言或騙局必須誘發行動才行，這就需要清除一些障礙，任何有利於清除這些障礙的因素都會增強說服的可能性，比如，一個你感興趣的信息源引起了你的注意，那麼這個信息源就可以說服你，比如說謊者的著裝正好是你喜歡的類型，那就有可能增加你對他的好感。耶魯大學（Yale University）心理學教授卡爾．霍夫蘭（Carl Hovland）對說服傳播路徑的研究有助於我們理解人在什麼時候開始相信了謊言。

是否注意訊息

是否理解

是否相信

是否產生相應行為

行動

說服通常有兩種路徑，一種是說服者在掌握了足夠令人信服的證據後，通過開展縝密、系統的分析進行論證說服，這種步步緊逼的說服途徑就是中心途徑。但有時論據的有力與否並不重要，我們選擇相信某些東西可能與論據令人相信與否無關，特別是當人們沒有足狗的時間去思考的時候，我們熟悉的表達會比新奇的表達更有效果。比如，我們更容易對親人、鄰居等熟人的話語深信不疑，我們喜歡的明星代言的產品更容易引起我們的購買衝動，惹人喜愛的狗狗形象更容易讓人停下來駐足觀望。這種借助情感或價值認可的說服途徑就是邊緣途徑。由於我們並非是十足的理性動物，所以這種訴諸情感的說服路徑反而更容易讓人接受，也更容易為說謊者利用，這也是為什麼那麼多看起來十分弱智的騙局還是有人上當的原因。

四、如何說，別人才肯聽？

一般說來，當一條信息與好心情聯繫起來的時候會更有說服力。人們在情緒好的時候一般會做出更多更為爽快、不假思索的判斷。耶魯大學的歐文．賈尼斯（Irving Janis）和他的研究團隊發現，在閱讀信息的時候讓學生們享受點可樂和花生，他們就更容易被說服。這點可以解釋為什麼大部分商務談判都會選擇在舒適豪華的酒店裡舉行，那麼多求愛多是在晚餐時進行，因為人在做決定的時候，往往依賴外部線索進行判斷，特別是心情不好的時候，更會反覆考量，不會輕易做出判斷。所以，假如你的論據有問題而又企圖說服他人，你要設法你的聽眾擁有一個好的心情，然後他們才有可能不由自主地對你的信息產生好感。在東方的歷史裡，諂媚的宦官往往會在皇帝心情好的時候，向皇帝提一些赦免某人罪名的要求，那樣才有可能被應允。

而一些引起恐懼心理的信息同樣有效，如果信息接收者採取預防行為的話，則效果更為明顯。通常情況下，人們的恐懼程度越高，則其回應度就越多。比如那些戒菸廣告、防止危險性行為以及禁止酒後駕駛的宣傳，通常都採用喚起人們恐懼心理的方式說服。形象化、妖魔化、臉譜化的宣傳通常會引發更大的恐懼。尤里烏斯．施特賴歇爾（Julius Streicher）是納粹德國另一位臭名昭著的反猶急先鋒，他控制的庸俗小報《先鋒隊員》（The striker）上充斥著大量猶太人姦污雅利安少女的故事，以及有關猶太人精子質量的偽科學論文。一九三八年，《先鋒隊員》旗下的出版社出版的反猶兒童連環畫《毒蘑菇》（The Toadstool）就借用了毒蘑菇這一形象赤裸裸地污衊猶太人。「正如毒蘑菇和可食的蘑菇很難區分那樣，有時候猶太騙子和罪犯也很難分辨。」全書都是類似的充滿了沒有事實依據的污衊。在一些學校，《毒蘑菇》還被當作課本。施特賴歇爾的反猶宣傳引起了巨大的恐慌。一九四〇年二月，《先鋒隊員》上刊登了一封讀者來信，信中把猶太人比作一群必須徹底消滅的蝗蟲。施特賴歇爾散佈的恐怖謠言成功說服了成千上萬的德國人追隨黨衛軍一起迫害猶太人。和其他所有鼓吹納粹思想的宣傳一樣，施特賴歇爾的反猶言論也是訴諸感性的，而非邏輯的。

如果某一種消息已為聽眾知悉，繼續重複下去的效果最為明顯。長久以來，政治家們和廣告商們就非常了解重複效應的驚人威力：重複足夠多的次數，即使是最卑鄙的謊言也有人相信。戈培爾的宣傳策略即是如此，他稱之為「彌天大謊」，在心理學上，它有一個正式的名字叫「效度效應」。

還有一種有效的說服策略就是我們前面提到的權威效應。人們更傾向於服從地位比較高的人。這也是為什麼大多數企業都請大眾熟悉的明星、專家和漂亮的模特兒。出自一個醫學博士之口的牙刷廣告宣傳肯定比來自林肯高中的一個高中生的說法更令人信服。

五、經典謊言：邪教是如何進行洗腦的

幾乎每過一段時間，我們都可以從媒體上看到一個不為人知的宗教組織集體自殺或者殺人的恐怖事件。一九七八年，在圭那亞，九百多名人民聖殿教（The Peoples Temple）教徒，遵照領導者吉姆．瓊斯（Jim Jones）的命令，服下含有氰化物的飲料後集體自殺，瓊斯自己也喝下去了。瓊斯自稱是神的化身，幾千年前化身為釋迦牟尼，創建了佛教，後來又化身為耶穌，創建了基督教，再後來又化身列寧，將社會主義發揚光大。一九九七年三月二十二日，馬歇爾．阿普爾懷特（Marshall Herff Applewhite）和他的三十七名天門教徒認定，擺脫地球乘坐哈雷彗星背後飛碟飛向天堂的機會到了。他們先是用伏特加吞服了致死劑量的苯巴比妥鈉，換好黑色的衣服與鞋後，平靜地躺下，然後再用塑料袋套住頭紮緊袋口，以便自己能夠在窒息中離去，每個人的口袋裡都揣有一張可能是購買船票的五美元鈔票。他們的胳膊上還扎著一個布條，上面寫著「天堂之門撤離小組」（Heaven's Gate Away）。

許多人可能都會想，難道這些人都精神錯亂了嗎？是什麼誘導他們加入了這樣的組

織？是什麼讓他們這樣對教宗俯首貼面乃至獻出生命？他們是如何放棄自己的思想的？他們被洗腦了嗎？被洗腦意味著人在不知道的情況下思想或記憶發生了改變。那麼，這一過程是如何發生的呢？

理查德·魏斯曼（Richard Wiseman）在他的《怪誕心理學：關於日常生活的奇異科學現象》（Quirkology: The Curious Science Of Everyday Lives）一書中認為洗腦通常有四個方法：登堂入室、強行求同、表演神蹟以及自我辯護。「登堂入室」也可叫「登門檻效應」（Friedman 和 Fraser，一九六六）——如果一個人接受了他人一個微不足道的要求，為了避免認知上的不協調或是想給他人留下前後一致的印象，就極有可能接受他人提出的更大要求，這是一九六六年美國社會心理學家喬納森·弗里德曼（Jonathan Friedman）和斯科特·弗雷澤（Scott Frase）從所做的「無壓力的屈從」實驗中發現的。懷斯曼認為瓊斯就是使用這樣的技巧來控製手下信眾的。其次，對於「強行求同」，理查德·懷斯曼則藉用了所羅門·阿希（Solomon Asch）著名的從眾實驗（Solomon Asch，一九五二，一九六五）解釋了其中的原因：在群體中，在群體的壓力下，人們會做出趨同的行為，甚至放棄自己的信仰，同意愚蠢的主張，以至放棄自己。人民聖殿教自殺事件可以看作是從眾心理實驗的一次巨大實踐。最後，理查德・懷斯曼用艾略特・阿倫森（Elliot Aronson）的自我辯護理論做出了解釋：人一旦做出了選擇，便會想盡一切辦法來支持自己的決定，竭力讓自己（或者他人）相信自己所做的事情是合乎邏輯和情理的。因為人的這種自我辯護的心理，信徒即便受到組織的懲罰也不會離開自己的宗教，反而更為依戀了。

洗腦其實是一種典型的強迫說服行為——即設置情境使個體失去推理、判斷的思維能力，按最有利於自己的方式做出選擇的行為。關於對宗教、政治等領域的服從研究已經基本勾勒出了這一過程（Galanter，一九八九；Watters和Ofshe，一九九四；Zimbardo和Leippe，一九九一）。

◆烏托邦式的願景描述。說服者通常會選擇那些有某種心理缺口的人下手，逐步勸服那些孤獨或者面臨人生壓力的人們：加入我們，會解決你的問題的，相信我們的領導者和團體會給你們溫暖。

◆被說服者無法逃離。個體一旦加入團體，個體受到團體成員親人般的歡迎和關愛，但一旦試圖脫離，就可能不允許個體吃東西、睡覺或者運動，或者被關在沒有光線的屋子裡使個體處於精神恍惚狀態。

◆說服者的問題被簡化為一種反復強調的解釋。就像禮拜儀式一樣，有許多過於簡單的解釋。這有幾個簡單的例子：你正為經濟拮据而犯愁嗎？那是因為你對成功不感興趣的緣故。我們為什麼那麼貧窮？因為美國掠奪走了我們的石油資源，美國是我們的頭號敵人，等等。

◆領導者提供了無條件的愛。新成員將沐浴在群體的「愛」中——持續地讚美和喜愛，強烈的關愛，免費的食宿等等。作為交換，領導者需要每個成員都崇拜和服從他。

◆創造以群體為基礎的同一性。告訴新成員他是優秀的、傑出的，只有優秀的人才會被拯救。為了培養這種同一性，許多崇拜組織都有統一的服飾，吃專門的飲食或者用新的名字。如日本的奧姆真理教（Japanese Aum Doomsday Cult）的成員都帶著與他們領導人一樣的面具，穿著統一的服飾。加入天堂之門教的教徒都要改名，並且在名字裡加上「-ody」的後綴，意為「更高等級的孩子」。

◆被說服者逐步墮入陷阱。起初，新成員只同意做一件小事，但是漸漸地要求就會開始增加。例如，群體聚會，開始的時候只是要求隨便去看看，然後接著是兩個週末，再接著是必須每週都出席，最後被要求捐錢。捐錢也是逐步的，曾是人民聖殿教成員的斯多姆（Storm）回憶了被瓊斯要求捐錢的過程：「任何事情都不是一蹴而就的，這就是瓊斯取得巨大成功的原因所在。你會慢慢地放棄一些東西，同時要忍受的事物也越來越多，但這些都是一步一步進行的。那是很奇妙的一種感覺，因為你可能偶爾會坐起來感慨道：哇喔，原來我可以放棄這麼多東西！我確實忍受了許多。但是這種節奏如此緩慢，以至於讓你覺得既然已經做了這麼多了，再多做一點又何妨呢？」（Conway 和 Siegelman，一九七九）

◆ 嚴格控制被說服者獲得外部信息。個體加入組織後，個體就失去了自我選擇的權力，獨立思維和懷疑會受到嘲笑和批判。領導者的個人意志成為唯一的真理和標準，成員必須嚴格遵守，而且群體會嚴格控制個體與外界接觸，將其與先前的社會完全割裂開來，團體在內完全承擔了社會性作用，每一個人只能與成員內的個體發生聯繫（Stark 和 Bainbridge，一九八〇），這樣就保證了在組織內部無人能排斥領導人的思想。如天堂之門的教徒們需要嚴格地過著與世隔絕的生活，無教主批准絕不外出，窗子都拉上窗簾，教眾一年之中只允許三次回家的機會，還必須謊稱是在這裡學習電腦技術，違反規定者將會受到嚴格處罰。

邪教等崇拜組織洗腦術的成功讓我們有機會見識了強迫說服的過程是如何發生的。這種成功看來是源於對行為承諾的強調，濫用說服的力量，以及將人們孤立在思想同化的團體中。然而，並不能因此說說服的本質是邪惡的，水的力量可以用來發電給人以光和熱，也能夠淹沒房屋和大地，奪去人和牲口的性命。說服的力量能夠啟發我們如何傳播思想，有效溝通，但不可避免地也可能會淪為騙子行騙的工具，這將取決於我們如何運用它。

六、應該如何抵制被洗腦

如果洗腦式的謊言都像非洲草原上兀立的猴麵包樹一樣凸顯，也就容易識破了，不妙的是，大多數人的說服過程都是自然而然地發生的，並且我們對強有力的說服信息的接受要比懷疑它更容易些。特別是在信任光環的籠罩下，如面對父母、律師、穿白大褂的醫生的意見時，我們該如何抵制那種洗腦式的說服呢？

要對洗腦產生抵制，最好的方法並不是對現有的信念進行鞏固加強，想想羅密歐與朱麗葉，壓力反而促使他們走在了一起。密歇根霍普學院（Hope College）心理學教授戴維・邁爾斯（David Myers）認為，最好的辦法就是預先公佈自己的立場，即在別人進行說服之前預先公佈自己的觀點，旗幟鮮明地亮明自己的觀點，你就不能容易受別人的觀點左右，隨後個體會自動進行溫和的勸說，而這會引來對方更加強烈的反駁。溫和的、輕微的攻擊有點類似於挑釁，對方一旦反擊必定會引起你更激烈的應對。在辯論賽中，我們經常可以看到這樣的情境，隨著辯論的深入，交鋒越來越激烈，雙方的觀點也越來越相悖。做一個積極的傾聽者吧，在學會傾聽的同時開啟自我的防禦機制，這樣有助於我們不被別人操縱。

第七章

如何避免謊言陷阱II：博弈論與信息甄別機制

一、不好騙的教授

博弈論又稱為對策論（Game Theory），是研究具有鬥爭或競爭性質現象的數學理論和方法。博弈論是一門研究思維策略的學問，它可能並不能讓你變得特別精明，但懂點博弈論知識，起碼可以讓你知道下次在撒一個小謊之前應該好好想一下謊言是否會被識破。普林斯頓大學（Princeton University）經濟學教授阿維納什・迪克西特（Avinash Dixit）在他的《策略與博弈》（Games of Stategy）中就講了這麼一個故事：

兩名交往甚密的學生在杜克大學修化學課。兩人在小考、實驗和期中考試中都表現甚優，成績一直穩定在A。在期末考試前的周末，他們非常自信，於是決定去參加弗吉尼亞大學的一場聚會。他們玩得太盡興，結果週日這天睡過了頭，返校太晚，來不及準備週一上午的化學期末考試。

他們沒有參加考試，而是向教授編造了一個悲傷的故事，說他們本已從弗吉尼亞大學往回趕，並安排好時間複習準備考試，但途中輪胎爆了。由於沒有備用胎，他們只好整夜待在路邊等待救援。現在他們實在太累了，請求教授可否允許他們第二天補考。教授想了想，同意了。

兩人利用周一晚上好好準備了一番，胸有成竹地來參加週二上午的考試。教授安排他們分別在兩間教室作答。第一道題目在考卷第一頁，佔了十分，非常簡單。二人都寫出了正確答案，心情舒暢地翻到第二頁。第二頁只有一個問題，佔了九十分。題目是：「請問爆的是哪隻輪胎？」

故事的結果自然是他們為自己的撒謊行為付出了代價，一個學生填了左前輪，另一個填了右前輪。教授設置了一個囚徒困境，輕鬆地戳穿了學生們的謊言，他們都失去了寶貴的90分。這可謂是對愛撒謊找藉口的人是一個教訓。很多謊言之所以輕易被揭穿，並不是因為說謊者掌握的信息被聽話者知悉，而是因為現實生活充滿了隨機性，學生無法預料經驗老到的教授還有這麼一招在等著他。如果兩人沒有事前準備，他們能夠編造出一致的謊言麼？如果每人都隨機地選一個輪胎，那麼兩人選擇同一個輪胎的機率也只有25％，他們有沒有更好的辦法呢？

二、囚徒困境

史達林時期的蘇聯，有一位樂隊指揮坐火車前往下一個演出地點，正在車上翻看當晚要指揮演奏的作品的樂譜。兩名克格勃軍官看見他在讀的東西很神秘，錯把樂譜當成了某種密碼，立即將他當作間諜逮捕了。他解釋說，那隻是柴可夫斯基的小提琴協奏曲，然而克格勃並不理睬。在他被關進牢房的第二天，審問者洋洋得意地走進來，說：「我看你最好還是老實招了吧。我們已經抓住你的同夥柴可夫斯基了，他這時正向我們招供呢。如果你不招供的話，他招了，你將被判刑二十五年；如果你招的話他沒有招供，我們只關你一年。你自己看著辦吧。」

這個笑話後來成了講述囚徒困境的開場白——囚徒困境可能是最廣為人知的博弈了。

我們來看看它是如何導出符合邏輯的結果的：假設克格勃在逮捕樂隊指揮後又逮捕了某人，而此人的唯一罪名就是因為他碰巧取了個「柴可夫斯基」的名字，而且克格勃將那個樂隊指揮和他分開進行審問。如果這兩名無辜者否認克格勃指控的罪名，那麼，他們將分別被判處三年徒刑。如果樂隊指揮昧著良心承認自己是間諜，但那位柴可夫斯基仍然否認指控，那麼樂隊指揮可以在一年之後重獲自由，而柴可夫斯基則會因拒不認罪而遭到嚴厲懲罰，被判處二十五年徒刑。當然了，假如樂隊指揮與柴可夫斯基調換一下，樂隊指揮拒不認罪，柴可夫斯基不但屈從認罪，還把他供了出來，那麼兩人的下場也會發生相應的變化。假如兩人同時認罪，那麼他們都將被判處這一罪名的標準刑罰——十年徒刑。

現在設想樂隊指揮的思路。他知道柴可夫斯基要麼招供，要麼拒不認罪。假如柴可夫斯基招供，樂隊指揮若是拒不認罪或拒不招供，與之對應，他會被判處二十五年或十年徒刑，相比之下，對他來說招供的下場顯然略勝一籌。假如柴可夫斯基拒不認罪，樂隊指揮同樣拒不認罪或拒不招供，與之對應，他會被判處三年或一年徒刑，相比之下，對他來說招供的下場仍然略勝一籌。由此可見，招供顯然是樂隊指揮的最佳選擇。

而在另一個單人牢房裡，柴可夫斯基也在做同樣的盤算，得出同樣的結論。最後的結果當然是兩個人同時招供（撇開其他因素不談，囚徒困境確實是一個讓人吐出實情的好辦法）。之後，當他們在古拉格群島流放地見面，說出各自的經歷後，兩人發現，他們吃了大虧。因為，假如他們兩人都拒不認罪的話，他們只需在牢房裡待三年就可以出獄了。

假如他們在接受審問之前能有機會見面好好談清楚，那他們一定會同意拒不認罪。不過，接下來他們很快就會意識到，那麼我該如何保證對方不會背叛呢？一旦他們被分開，審問開始，每個人內心深處那種企圖通過出賣別人而換取一個更好判決的想法就會變得非常強烈，因為從個人的角度來看，合作是無理性的，利己才是正確的邏輯。這麼一來，看來他們還是逃脫不了在古拉格相遇的命運。

如同博弈論的其他例證，囚徒困境假定每個參與者（即「囚徒」）都是利己的，即都尋求最大自身利益，而不關心另一參與者的利益。參與者某一策略的所得利益，如果在任何情況下都比其他策略要低的話，理性的參與者就絕不會選擇。

囚徒到底應該選擇哪一項策略，才能將自己個人的刑期縮至最短？兩名囚徒由於隔絕監禁，並不知道對方選擇；即使他們能交談，還是未必能夠盡信對方不會反口。就個人的理性選擇而言，檢舉背叛對方所得刑期，總比沉默要來得低。試想困境中兩名理性囚徒會如何做出選擇：

若對方沉默，背叛會讓我獲得的刑期較低，所以我會選擇背叛。

若對方背叛指控我，我也要指控對方才能得到較低的刑期，所以也會選擇背叛。

兩人面對的情況一樣，所以兩人的理性思考都會得出相同的結論——選擇背叛。背叛是兩種策略之中的優勢策略。因此，這場博弈中唯一可能達到的納什均衡，就是雙方參與者都背叛對方，結果二人同樣服刑十年[19]。

現實中陷入「囚徒困境」的例子不勝枚舉。幼兒園小朋友互相分享玩具（給他玩或不給他玩），情竇初開的男女互相表白愛情（表白或不表白），夫妻雙方（忠誠或不忠誠），公共衛生的維持（不扔垃圾或扔垃圾），老闆與僱員的關係（信任或不信任），商場上，生意夥伴的非正式合同或君子協定（不違約或違約），立約雙方（守信或不守信），競爭對手打價格戰（不降價或降價），國家間的對抗（和平或戰爭），等等。雖然括號內前者都是大家想要達到的目標，自私（理性選擇）的結果卻使大家不得不接受後者。我們以兩

19 囚徒困境的結論是許多國家禁止認罪減刑的原因之一。囚徒困境帶來的結論是：如果有兩個罪犯，其中一人犯罪而另外一人是無辜的，犯罪者會為了減刑坦白一切甚至冤枉清白者。最糟糕的情況是，如果他們二人都被判入獄，坦白的犯罪者刑期少，堅持無罪的冤枉者刑期反而更多。

國間的關稅為例：一國為了保護本國商品的利益，為了限制外來商品的進入，就會提高關稅，這就「背叛了」出口國。對方發現了這一情況後提出抗議，最後雙方可能通過談判而達成一致，將關稅都設置到一個合適的界限，既可以保護本國的商品，又不妨礙出口國的商品流通，這便是採取了合作的方式。此後一國經濟陷入停頓，為解決危機，於是謀求提高關稅，出口國發現後也隨之提高了對方商品的關稅。結果，兩國的經濟都出現了波動，最終不得不冷靜下來繼續談判合作的事宜。

人們通常認為每個博弈中必有贏有輸，然而囚徒困境的故事卻表明：與賭博遊戲不同，人際之間的交往互動、經濟往來、政治博弈不是零和遊戲，在囚徒困境裡，有可能出現共同利益，也有可能出現利益衝突，不招供的結果是出現雙贏局面。想保證參與雙方利益的最大化，就必須採取合作的方式，互相隱瞞和欺騙都會使其中一方獲得短暫的利益，最終雙方都會付出更高的代價——在人際互動和政治博弈中，大家都是同一根繩子上的螞蚱。這也是我們在人際交往中拒絕謊言、提倡誠信的一個原因。

三、如何走出囚徒困境：懲罰機制

一旦落入囚徒困境，人們意識到後就會想辦法掙脫，不得不尋求雙方一致願意看到的結果，只有這樣，彼此才能達成雙贏的結果。不過有一個根本的難題是，參與的雙方都有作弊的動機，怎樣才能察覺到對方的欺騙呢？怎樣才能製止對方的撒謊行為呢？這就需要我們引入必要的懲罰機制。前面我們講過〈國王的新衣〉的故事，那兩個騙子的伎倆之所以得逞，很大一部分原因是缺乏必要的懲罰機制，乃至最後大臣和百姓們都成了騙子的幫兇。一個良好合作的團隊，通常都包含著嚴苛的懲罰機制。如犯罪集團的成員通常有這樣成文的規則，出賣同夥會遭到同夥朋友的報復，以保證成員在被捕時不會供出同夥。如果一個人知道了有人在外面等著收拾他，儘管坦白能避免牢獄之災，他仍會思忖再三，權衡利弊是否配合警察。魔高一尺，道高一丈。警察也可以利用對方的這種懲罰機制，以威脅要放了毒品販子使其坦白——威脅之所以有效是因為，一旦嫌疑人被釋放，他的同夥就會認為他出賣了他們。

然而僅僅有這些還是不夠的，因為在大多的謊言與欺騙案例當中，人們之所以選擇說謊而不是誠實行為是因為：①對說謊付出的成本估算過低或者根本沒有想到，如果撒謊者事先知道撒謊的成本比較高，當然不會選擇說謊；②選擇說謊的成本收益很大，英國經濟學家鄧林格（Deininge）對資本家追逐利潤的洞見也適用於這裡：「如果有20%的利潤，有人就會蠢蠢欲動；如果有50%的利潤，有人就會冒險；如果有100%的利潤，有人就會不顧一切法律；如果有300%的利潤，有人就敢冒絞首的危險。」如你所見，在囚徒困境裡，背叛是一個最佳策略。那有沒有更好的解決辦法呢？

羅伯特．阿克塞爾羅德（Robert Axelrod）是密西根大學（University of Michigan）的一名政治學教授，為了解決囚徒困境的問題，他組織了一場計算機競賽。這個競賽的思路非常簡單：任何想參加這個計算機競賽的人都扮演「囚徒困境」案例中一個囚犯的角色。他們把自己的策略編入計算機程序，然後被成雙成對地融入不同的組合。分好組以後，參與者就開始玩「囚徒困境」的遊戲。他們每個人都要在合作與背叛之間做出選擇。這個實驗的關鍵問題在於，他們不只玩一遍這個遊戲，而是一遍一遍地玩上兩百次。這就是所謂的「重複的囚徒困境」。

「重複的囚徒困境」逼真地反映了具有長期性合作人際關係下的多重博弈。這種重複的遊戲允許程序在做出合作或背叛的抉擇時參考對手程序前幾次的選擇。如果兩個程序只玩一次，背叛顯然就是唯一理性的選擇。但如果兩個程序已經交手過多次，則雙方就建立了各自的歷史檔案，用以記錄與對手的交往情況。同時，它們各自也通過多次的交手樹立了或好或差的聲譽。雖然如此，對方的程序下一步將會如何舉動卻仍然極難確定。實際上，這也是該競賽的組織者阿克塞爾羅德希望從這個競賽中了解的事情之一。一個程序總是不管對手作何種舉動都採取合作的態度嗎？或者，它能總是採取背叛行動嗎？它是否應該對對手的舉動回之以更為複雜的舉措？如果是，那會是怎麼樣的舉措呢？

讓阿克塞爾羅德吃驚的是，競賽的桂冠屬於其中最簡單的策略：以牙還牙。「以牙還牙」的策略是這樣的：它總是以合作開局，但從此以後就採取以其人之道還治其人之身的策略。也就是說，它永遠不先背叛對方，從這個意義上來說它是「善意的」。它會在下一輪中對對手的前一次合作給予回報（哪怕以前這個對手曾經背叛過它），但它會採取背叛的行動來懲罰對手前一次的背叛。而且，它的策略極為簡單，對手程序一望便知其用意何在。

以牙還牙其實是《舊約．出埃及記》（The Old Testament，Exodus）中古老懲罰原則的變形，也就是別人對你怎麼做，你就對別人怎麼做。問題是——這有觸犯法律的風險。

四、如何甄別信息：所羅門王斷案與維克里真話原則

我們知道，說謊（欺騙）之所以發生，有一個必要條件就是說謊者擁有聽話人不知道的信息，否則說謊就顯得多餘了，說謊者正是利用彼此的信息不對稱，精心編造了謊言。

《舊約．列王記上》（The Old Testament，1 Kings）中，記載了一則所羅門王斷案的故事。故事大意是說：兩個婦女都聲稱自己是一個剛出生不久的小孩的母親，雙方爭執不下，就來到所羅門王的面前，請求所羅門王將該小孩判給自己。其中一個婦人說道：「我們兩個都是同住一屋的，除了我們二人之外，屋中再沒有別人。我在生孩子後的第三日，那婦人也生了孩子。但是那婦人在晚上睡覺的時候，壓死了自己的孩子，於是就半夜起來，趁我睡著的時候將我的孩子抱走，把她的死孩子放在我的懷裡。」另一個婦人則對所羅門王說道：「不對，死孩子是她的，這個孩子是我的。」所羅門王聽了雙方的陳述後，就說道：「拿刀來，將這孩子劈成兩半，一半給那婦人，一半給這婦人。」活孩子的母親看到

自己的孩子要被劈成兩半，就說道：「求我主將孩子給那婦人吧，萬不可殺他。」此時那個婦人卻說：「這孩子也不歸我，也不歸你，把他劈了吧。」此時，所羅門王判決道：「將孩子給這婦人，萬不可殺他。這婦人是他的母親。」

這是一則甄別虛假信息的成功範例——智慧的所羅門王巧妙地設計了一種機制，理性的真母親選擇放棄擁有孩子，而理性的假母親選則擇漠然視之。這也符合所羅門國王事先的分離均衡假定——具有血緣關係的真母親愛自己的孩子，於是分離均衡就形成了。真母親最終獲得了孩子的撫養權。在博弈論上這被稱為「機制設計」，即設計出一套規則，令不同類型的人做出不同的選擇。儘管設計者並不知道他們隱藏的類型，但是他可以根據參與者的不同選擇來判斷出誰在說謊，從而還原事實真相。

在設計機制中，能戳穿謊言、有效甄別真實信息方面的典型例子當然要數諾貝爾經濟學獎獲得者威廉．維克里（William Vickrey）教授設計的第二價格密封拍賣（Second price sealed bid auction）了。

在第二價格密封拍賣被設計出來之前，拍賣界通行的拍賣規則是荷式拍賣與英式拍賣。荷式喊價是荷蘭花市所使用的規則，喊價者由高價往低價喊，第一個舉手者贏得標的物，並付出當時喊到的價格；英式喊價則由競標者由低往高出價，最後出價者贏得標的物，並付出他所喊的價格。秘密投標的規則，一般是由競標者秘密寫出標金再公開開標，由標金最高者中標，並以其出標為售價。但這兩種機制都有個弊端——競買者可能說假話，比如你對某古董的最高心理價位是100萬美元，但如果第二名只出到90萬美元的話，你只需要比第二名多出一點即可，你就不會報價100萬。但如果第二名故意說謊哄抬價格的話——如果你想獲得競拍的話，必須出更高的價格。

有沒有合適的辦法，甄別出競拍者的真實意圖呢？為此維克里教授設計了一種競拍機制，在這種拍賣中，競買者以密封的形式獨立出價，商品也出售給出價最高的投標者。但是獲勝者支付的是所有投標價格中的第二高價。因此，在沒有串通的情況下，每個競拍者的最優策略就是依照自己對拍賣商品的估價據實競標。當低於這個價格時，將減少投標者贏得商品的機率；高於這個價格，雖然可以提高投標者贏的概率，但他獲得了一場無利潤的交易，因為他必須支付的價格可能高於他對商品的估價。

在維克里教授設計的這種機制下，說實話比不說實話好。如果撒謊，要麼競拍不到被拍賣物品，要麼要高於實際價位才能拍得商品。這種機制既可以保證報拍賣物品賣給最認

	他人最高出價＞心理價位	他人最高出價＜心理價位
自己實際出價≤心理價位	不會以自己不情願的價格買下	只要出價全局最高，就能以第二價格買入，但有競拍失敗的風險
自己實際出價≥心理價位	如果出價達到最高，就必須以自己不情願的價格買入	能得到拍品，而且無論多高都不影響最終支付價格

可所競拍商品價值的人，又保證了賣者能獲得最高收入。這真是皆大歡喜的雙贏局面。

現代社會是一個信息化的社會，網絡信息爆炸式增長，造成信息傳遞的無序和失控，出現了信息超載和信息垃圾等信息污染問題。人們觀察和認識到的信息通常有一定的局部性和暫時性，在互聯網上獲得的信息往往是零散的、不系統的，甚至具有欺騙性質的謊言，只有有價值的信息才能幫助我們了解和認識世界。倘若我們的判斷和決定是根據無效的甚至錯誤的信息做出的，後果將無法想像。納特·西爾弗（Nate Silver）是美國最具影響力的預測專家之一，他在《訊號與噪聲》（The Signal and the Noise）一書中提出了許多有趣的疑問：天氣預報說降水概率為60%，你出門會帶傘嗎？被雷電擊中的概率到底有多大？中情局為什麼會忽略「九一一」恐怖襲擊發生的訊號？禽流感為何會突然爆發，又突然消失？無疑，這是一個信息氾濫的時代，一方面我們在享受大數據所帶來的種種便利，另一面我們似乎又整天淹沒在信息的噪聲裡無從選擇。怎樣才能從繁雜的海量數據中篩選出真正的訊號，從而做出更接近事實的判斷？因此，如何在茫茫信息大海之中，設計一種機制去篩選、甄別信息以免被信息淹沒顯得尤為重要。除了本章提到的博弈論的運用，恐怕還需要我們每個人更多地努力，我們必須要養成批判性思維的習慣。

第八章
如何避免謊言陷阱III：建立批判性思維

一、林肯與肯尼迪的巧合

多年以來，一直流傳著一個關於林肯和肯尼迪巧合的傳說（Lincoln-Kennedy coincidences urban legend）。近來，在對它進行的進一步研究中，甚至兩位總統在生與死方面有更多的共性被揭露出來。下面即是那眾多巧合的清單：

◆兩位總統都喜歡搖椅。

◆刺殺林肯的兇手的名字「約翰·威爾克斯·布斯（John Wilkes Booth）」是由十五個字母組成的；刺殺肯尼迪的兇手「李·哈維·奧斯瓦德（Lee Harvey Oswald）」也是由十五個字母組成。

◆林肯的繼任者的名字「安德魯·約翰遜（Andrew

Johnson）」由十三個字母組成；肯尼迪的繼任者的名字「林登‧約翰遜（Lyndon Johnson）」也是由十三個字母組成的。

- ◆兩位總統都是以其祖父的名字取名的。
- ◆「林肯」和「肯尼迪」（Lincoln 和 Kennedy）都含有七個字母。
- ◆兩位總統都在家裡排行第二。
- ◆兩位總統在他們成為總統前都經歷了一個姐姐的死亡。
- ◆兩位總統都是到了三十多歲才結的婚：林肯是三十三歲，肯尼迪是三十六歲。
- ◆兩位總統都娶了在社交界很出名且法語流利，具有深褐色頭髮和淺黑色皮膚的女人為妻，並且她們兩個先前都訂過婚。
- ◆兩位第一夫人都參與了整修白宮的指導工作。
- ◆兩位總統在任職期間都經歷了喪子之痛。
- ◆林肯和肯尼迪的孩子都曾在白宮的草坪上騎馬。
- ◆林肯的兒子泰德的葬禮舉行於一八七一年七月十六日；約翰‧肯尼迪‧基爾死於一九九九年七月十六日；瑪麗‧托德‧林肯死於一八八二年七月十六日。

◆林肯的兩個兒子名為羅伯特和愛德華；肯尼迪也有兩個兄弟叫羅伯特和愛德華。

◆兩位總統都跟美國參議院議員有親戚關係。

◆林肯遇刺後，他全家搬進了喬治敦紐特街三〇一四號的一座房子；肯尼迪遇刺後，他全家也搬進了喬治敦紐特街三〇一四號的一座房子。

◆兩位總統都與畢業於哈佛大學的美國總檢察長有親戚關係。

◆兩位總統都與駐不列顛英國宮廷大使有親戚關係。

◆兩位總統都有一個名叫阿德萊．E.史蒂文森的朋友。林肯的朋友後來成了格羅弗．克利夫蘭的第二任副總統；肯尼迪的朋友後來兩次被提名為民主黨候選人。

◆兩位總統都認識一位名叫查爾斯．塔夫脫的醫生。林肯曾接受過查爾斯．塔夫脫醫生的治療；肯尼迪則認識查爾斯．費爾普斯．塔夫脫（塔夫脫總統的兒子）。

◆兩位總統都接受過一位名叫比利．格雷厄姆的建議。林肯的朋友是伊利諾伊州新塞勒姆地區的一位牧師；肯尼迪的朋友則是比利．格雷厄姆牧師。

◆肯尼迪曾有一位秘書叫伊芙琳．林肯，她丈夫的綽號叫阿貝。

◆林肯第一次當選美國眾議院議員是在一八四六年；肯尼迪第一次當選美國眾議院議員

是在一九四六年。

◆林肯在一八五六年競選他的政黨的副總統時是第二名；肯尼迪在一八五另年競選他的政黨的副總統時也是第二名。

◆林肯於一八六〇年當選為總統；肯尼迪於一九六〇年當選為總統。

◆兩位總統都被捲入了任職初期的政治辯論中。林肯在一八五八年參加了與道格拉斯的大辯論；肯尼迪在一九六〇年參加了與尼克松的大辯論。

◆兩位總統都很關心非裔美國人。林肯曾頒布了《解放黑奴宣言》；肯尼迪曾向議會提交了一份關於公民權利問題的報告。

◆兩位總統同時都是作家，並且都很博學；兩位總統都熟諳莎士比亞的作品和《聖經》。

◆兩位總統都患有遺傳性疾病。肯尼迪患有愛迪生氏病；林肯患有馬方式綜合症。

◆兩位總統都曾在軍隊服過役。

◆兩位總統都有過當船長的經歷。林肯曾是「法寶號」的船長；肯尼迪曾當過一〇九號魚雷快艇的艇長。

◆兩位總統都不擔心他們的個人安全問題，這使他們的秘密保護人員大為驚恐。

◆在遇刺那一年，亞伯拉罕．林肯在他的郵箱中收到八十次死亡威脅；約翰．肯尼迪在被刺殺的那一年曾在他的郵箱中收到八百次死亡威脅。

◆兩位總統在遇刺前一周都和「夢露」在一起。林肯在遇刺前一周曾待在馬里蘭州夢露市，肯尼迪在遇刺前一周曾和瑪莉蓮．夢露在一起！

◆兩位總統都是被擊中頭後部。

◆兩位總統都是在一個節日前的星期五被刺殺的。林肯，復活節；肯尼迪，感恩節。

◆兩位總統在被刺殺之時都坐在他們的夫人旁邊。

◆在這兩次槍擊事件中，兩位第一夫人都沒有受傷。

◆兩位總統在刺殺時都與另一對夫婦在一起。肯尼迪是和州長及約翰．康納利女士在一起；林肯是和陸軍上校及亨利．拉斯伯恩女士在一起。

◆跟兩位總統在一起的兩個男人，拉斯伯恩陸軍上校和康納利州長，都受了傷，但都沒死。

◆林肯死於福特劇院，肯尼迪是在乘福特汽車公司製造的林肯牌敞篷車的行進中遇刺的。

◆林肯是在劇院的七號包廂裡被刺殺；肯尼迪則是在他的車隊的第七輛車中被刺殺。

◆兩位總統在被子彈擊中後都接受了胸外心臟按摩；在兩例事件中，按摩都歸於徒勞。
◆兩位總統被埋葬時都躺在紅木做的棺材裡。
◆林肯和肯尼迪的棺材都被展示在美國國會大廈的圓形大廳裡，而兩人用的是同一輛用黑布遮蓋的靈柩車。
◆兩個刺客在行刺總統時都在二十五歲左右。
◆兩個刺客的兄弟都有著令人羨慕的成功事業。布思的兄弟曾是頗受歡迎的演員；奧斯瓦德的兄弟則有著成功的軍旅生活。
◆兩個刺客在服役時的最高軍銜都是陸軍二等兵。
◆兩個刺客都是出生在美國南方。
◆兩個刺客在意識上都支持美國政府的敵人。布思支持邦聯；奧斯瓦德則擁護馬克思主義。
◆兩個刺客都曾有寫日誌或日記的習慣。
◆布思在劇院（福特劇院）裡向林肯開槍，然後逃進一座倉庫並被捕；奧斯瓦德從一座倉庫向肯尼迪開槍，並困在一所劇院（德克薩斯劇院）裡。

◆福特劇院的經理名字叫伯勒斯；德克薩斯劇院的經理的名字也叫伯勒斯。

◆布思在逃跑中被一個名叫佩因的人掩護，而奧斯瓦德也在一位名叫佩因的女人的幫助下在「教科書儲存所」找到了一份工作。

◆布思在加勒特農場接受了一位名叫貝克的官員的審訊，而奧斯爾德也在「教科書儲存所」的第二層接受了一位名為貝克的警察的審訊。

◆兩個刺客都是被一顆科爾特左輪手槍的子彈擊中並當場斃命。

◆兩個刺客都是在審判之前被殺害的。

◆布思和奧斯瓦德都為宗教狂熱分子所殺。布思為博斯頓．科比特所殺；奧斯瓦德為傑克．魯比所殺。

◆兩位總統的繼任者都是名叫約翰遜的南方民主黨派人士。林肯的繼任者叫安德魯．約翰遜；肯尼迪的繼任者叫林登．約翰遜。

◆這兩位名叫約翰遜的副總統都在五十多歲當上了總統。安德魯．約翰遜五十六歲；林登．約翰遜五十五歲。

◆安德魯．約翰遜的父親曾做過看門人；林登．約翰遜也曾做過看門人。

◆安德魯．約翰遜出生於一八〇八年；林登．約翰遜出生於一九〇八年。

關於林肯和肯尼迪之間種種巧合的故事是最近幾十年美國最為流行的都市傳說之一。一九六三年，肯尼迪總統遇刺身亡，隨後《共和黨國會委員會通訊》（GOP Congressional Committee Newsletter）上就出現了一個巧合清單，一年後，被各家媒體競相轉載。肯尼迪和林肯兩人之間的相似點也從最開始總結的幾個、十幾個發展到六十多個，逐漸成為人盡皆知的「靈異事件」。

林肯和肯尼迪之間的種種巧合真的那麼離奇嗎？檢視那些證據，你會發現很多根本站不住腳，部分是事實，但更多是捏造的謊言。

(1) 有些純屬於杜撰

在流傳的「二肯」相似點中，很多是杜撰的，比如有相似點說「林肯的秘書叫肯尼迪，肯尼迪的秘書叫林肯，而且他們的秘書當時都曾勸告總統不要去被暗殺的地點」，事實真相是肯尼迪確實有一個秘書叫林肯，但是沒有任何資料可以證明林肯有一個秘書叫肯尼迪。歷史檔案中，林肯在白宮的秘書名為約翰．喬治．尼古拉（John G. Necolay）和約翰．海伊（John Hay）。

(2) 發生相似的概率其實並不小

林肯和肯尼迪傳說中的很多巧合點其實發生的概率並不小，但是被拉了進去湊數。像「兩人都是在星期五被暗殺」，一星期只有七天時間，如果每天被暗殺的概率是相等的，那麼兩人同在一個星期的某一天被暗殺的概率為$\frac{1}{7}$。而總統的公開活動往往都在周末舉行，週五、週六、週日他們公開露面的機會最多，自然是刺客的首選，所以他們都在星期五被暗殺談不上很巧合。

還有「兩人都是頭部中彈」這條，頭部和心臟是人體要害部位，刺客都會這樣選擇。

「兩個刺客都是出生在美國南方」發生的概率也很大，何況南方的定義也很模糊。根據記載，殺害肯尼迪的兇手奧斯瓦德只是出生在南方的一個州，後來輾轉多處居住，並不是完全的南方人。

對於兩人分別在一八六〇年和一九六〇年當選為總統，要考慮這個事實，美國總統大選四年一次，在一八五七年到一八六三年幾年中只有一八六〇年有大選，在一九五七年到一九六三年的幾年間也只有一九六〇年有總統大選，兩人都在六〇年被選為總統不能稱得上很巧合。

(3) 二人還有很多不巧合的事情

林肯和肯尼迪的生平中的確可以找到很多與數字一百相關的事件，像林肯於一八四六年進入國會，肯尼迪於一九四六年進入國會，相隔百年；林肯於一八六〇年當選美國總統，肯尼迪於一九六〇年當選美國總統，相隔百年；繼承林肯的安德魯·約翰遜（Andrew Johnson）生於一八〇八年，繼承肯尼迪的林登·約翰遜（Lyndon B. Johnson）生於一九〇八年。這些都確有其事。

但是這些事實並不能說明兩人之間真的很神奇，還要看到兩人之間眾多不巧合的事實。比如，在兩人的政治生涯裡，林肯一八五四年競選參議員失敗，一八五六年競選副總統失敗，一八五八年再次競選參議員失敗，兩年後否極泰來，競選總統成功；肯尼迪則一路順風順水，一九四六年、一九四八年、一九五〇年三次被選為眾議員，一九五二年和一九五八年被選為參議員。從這些經歷上看，兩者不僅沒有任何「百年」的聯繫，而且根本就是一個為悲劇人生，一個為喜劇人生。

其他幾個具有紀念意義的日期相隔也並不是百年：林肯是在一八〇九年出生，肯尼迪是在一九一七年出生，兩者相距一百〇八年（不是一百年）；林肯在一八六五年遇刺去世，肯尼迪在一九六三年遇刺，兩者相距九十八年（不是一百年）。兩人的生平中，不巧合的地方遠遠多於巧合的地方。

事實上，如果我們不選一百，選一個其他數字，比如九十八或者一〇二，如果仔細翻一翻兩人的簡歷，一定也可以找到一堆與九十八或者一〇二有關係的「巧合」事件，兩人的經歷並沒有跟「一百」有絕對聯繫。

(4) 隨便找倆總統也可以發現很多「巧合」事情。

拋掉以上這些因素，如果你仍然覺著林肯和肯尼迪之間的巧合不可思議，那麼我們隨便找美國歷史上的兩位總統，比如小布希和肯尼迪，他們之間也會有很多「巧合」：

肯尼迪和小布希都在康乃狄克州完成過教育

肯尼迪和小布希都在耶魯——紐黑文醫院住過院

肯尼迪和小布希都獲得了哈佛大學的學位

肯尼迪和小布希都是在大學畢業後進入軍隊服役

…………

綜上所述，林肯和肯尼迪之間的種種巧合一部分是真實的，有一部分則是子虛烏有的捏造，其中很多的巧合多有牽強附會之處。如果考慮一下兩人之間的不同點和任意兩人之間都可以找到種種巧合的事實，你會發現「二肯」的所謂巧合其實並沒有那麼神奇和驚人，更談不上什麼靈異了。

像林肯與肯尼迪之間存在巧合這樣的都市傳說以及類似的謊言，如長城是太空中唯一能看得見的建築，很多人對此都深信不疑，其中有一個原因是陳述者往往把真話和假話混雜在一起，讓人真假莫辨。

類似的例子不勝枚舉，儘管人類的智慧已讓我們登上了月球，思維的觸角伸到了銀河系之外，但是另一方面，我們也經常誤信一些謊言，做出錯誤的判斷和令人匪夷所思的行為，如艾希曼為自己辯護時說的那樣「我不過是執行了命令而已」——一個人怎麼能麻木到視萬千生命為兒戲的地步呢？當我們的思維被情緒、偏見、錯誤等遮蔽的時候，理性就不那麼管用了，以至我們的生活充斥了形形色色的欺騙和被欺騙。

二、批判性思維

當布魯諾（Giordano Bruno）被綁在羅馬廣場中央的火刑柱上時，他還堅持按著真理的方式思考。抵制被謊言說服的最好利器是批判性思維（Critical Thinking）。「批判的」（critical）源於希臘文 kriticos（提問、理解某物的意義和有能力分析，即「辨明或判斷的能力」）和 kriterion（標準）。從語源上說，這個詞暗示發展「基於標準的有辨識能力的判斷」。將批判應用於思維，意味著利用恰當的評估標準確定某物的真實價值，以明確形成有充分根據的判斷。批判性思維以邏輯方法作為基礎，結合人們日常思維的實際和心理傾向發展出的一系列批判性思維技巧，是人為決定相信什麼或做什麼而進行的合理的、反省的思維。概而言之，批判性思維是關於思維的思維。當我們在思考某個主意好不好的時候，我們就是在用判斷性思維在思維，它能幫助我們更加審慎地對待一些觀點和看法。

批判性思維能力是現代教育的終極目標，美國聯邦教育資助委員會的大學學習評估（CLA）項目羅列了一系列批判性思維的重要技能：

- □ 判斷信息是否恰當
- □ 區分理性的斷言與情感的斷言
- □ 區別事實與觀點
- □ 識別證據的不足
- □ 洞察他人論證的陷阱和漏洞
- □ 獨立分析數據或信息
- □ 識別論證的邏輯錯誤
- □ 發現信息及其來源之間的聯繫
- □ 處理矛盾的、不充分的、模糊的信息
- □ 基於數據而不是觀點建立令人信服的論證
- □ 選擇支持力強的數據
- □ 避免言過其實的結論
- □ 識別證據的漏洞並建議收集其他信息
- □ 知道問題往往沒有明確答案或唯一解決辦法
- □ 提出替代方案並在決策時予以考慮
- □ 採取行動時考慮所有利益相關的主體
- □ 清楚地表達論證及其語境
- □ 精準地運用證據為論證辯護
- □ 符合邏輯地組織複雜的論證
- □ 展開論證時避免無關因素
- □ 有序地呈現增強說服力的證據

培養形成批判性思維的習慣和提高運用批判性思維的能力有助於我們做出正確的決策，特別是在面對謊言和欺騙以及真相不明的情況下，能讓我們識別何為真何為假，既可以應用於日常生活的決定，也可以應用於對天下大事的判斷，如打擊 ISIS 我們是否應該出兵、我們是否應該贊同同性婚姻等等。你在生活中使用批判性思維的次數越多，你越是一個自由的、有自己主見的人。

三、批判性思維的基本構成

斷言（claims）、論題（issues）和論證（arguments）是構成批判性思維的三個基本要素。

所謂斷言是指我們對事物做出的口頭或書面的判斷，作為批判性思維的基本要素，斷言用於口頭或書面交際中傳遞信息、表達意見或信念，如「克林頓說：我和那個女人沒有發生性關係」「吃魚有利於降低血脂」「人是沒有毛的兩足動物」等都是斷言。斷言有真有假，需要我們進行判斷。批判性思維的關鍵就是檢視斷言與斷言之間的關係。

論題，實際上就是問題，當我們對斷言進行判斷的時候，實際上就提出了一個問題：它是真還是假呢？比如「耳朵大的人容易成功」「哈佛是美國最好的大學」這樣的斷言，你在相信之前是否要經過一番思考呢？解決問題就是要斷言它是真是假並作出回答。

一旦清楚了論題是什麼，接下來我們就要評估支持或反駁這個斷言的論證是否合理，並判定論題的真假，這就是論證。論證是批判性思維的最重要因素，論證的目的是為了給一個斷言的真假找出理由，從而為我們的決策提供參考。

論證由前提（premise）和結論（conclusion）構成。前提是為另一個斷言提供理由的斷言，被前提支持的斷言是論證的結論。例如：

前提：吉姆生病了，必須去看醫生。

結論：所以吉姆有理由可以請假不來上班。

這個結論回答了論題中的問題，一般來說，結論往往會表明論證的立場。我們可以從論證過程中判斷結論是否成立，如果吉姆這個論證，前提固然為真，但是不一定推導出「吉姆可以不來上班」的結論。

四、如何建立批判性思維：學會提問

建立批判性思維需要一整套的技能和程序，這些技能都是建立在一系列環環相扣的問題上的。本質上來說，批判性思維就是提出問題然後逐步解決問題的過程，其中的每一個步驟包含著眾多的問題清單，因此在進行批判性思維之前，我們必須要建立問題意識，養成凡事都要合理懷疑的習慣。

(1)論題是什麼？

問題是思維的起點，批判性思維從「審題」開始。人們思維活動中常犯的一個錯誤，就是問題沒有搞清楚，便急於思考問題，就像目標不明確就開始行動一樣。有效思維的基本前提，就是首先要弄清楚問題，問題的含義和實質是什麼，問題是否表述清楚、是否清晰。這些內容必須搞清楚，否則，思維從一開始就會產生錯誤，就可能曲解他人的意圖，這時所做的回應也純粹是驢頭不對馬嘴。特別是在對問題進行討論、爭論時，大家都把問題搞清楚，形成對問題一致的理解，是進行有效討論、爭論的前提。下面是列舉的論題問題檢視清單：

論題是什麼？

結論是什麼？

前提是否有效？

論題表述是否準確、清晰？

理由是什麼？

(2) 論據是什麼？

思考問題要運用有關的知識和經驗。我們每個人的頭腦裡都儲存著習得的知識、積累著過去的經驗，沒有知識和經驗，是無法思考問題的。但是，知識在不斷發展和更新著，經驗也在不斷變化，已有的知識和經驗隨著知識的進步和擴大變得陳舊了或者發現了謬誤，應用這些舊內容思考新的問題，會導致思維錯誤。因此，要對我們已有的知識和經驗進行審查，發現並剔除錯誤的、陳舊的內容。

信息是對問題的歷史和現實情況的反映。思考問題，就是對相關信息進行整理、加工、處理的過程。信息不真實、不准確、不全面，就不可能得出正確的結論。利用過時的信息分析問題，得出的結論必然失去時效性。重要的信息被遺漏或者被故意隱瞞，往往使我們的判斷產生偏差。比如你在購買二手車的時候，銷售人員向你隱瞞了發動機多次被修理的記錄，故意把一輛破車說成好車，你興高采烈地買下來了，結果沒到一個禮拜就在高速公路上無緣無故地拋錨了。下列是論據問題檢視清單：

論據是什麼？

論據是否陳舊過時？

有沒有重要信息被遺漏了？

有沒有別的原因？

數據有沒有欺騙性？

論據來源於哪裡？

論據是否具有效力？

(3) 態度是否客觀？

人的思維活動包含認知因素和價值因素兩個基本維度，這是批判性思維應該注意的兩個基本問題。我們提倡理性思維，但是在現實生活中，人的思維過程不可能是純粹的理性思維過程，必然受到個人價值立場、情感因素及所屬群體觀念和價值標準等社會因素的影響，而且這些價值觀往往不會直接說出來，這些因素往往使人們在思考問題時產生偏差。我們必須排除不恰當情感因素、價值因素、利益因素的干擾，才能客觀、全面地分析問題，得出正確的結論。下列是客觀與否問題檢視清單：

是否存在主觀判定？
是否預設價值觀立場？
是否存在個人偏見？
分析問題時是否受利益左右？
分析問題時是否受群體利益左右？

(4) 論證過程是否有誤？

審查論證過程是批判性思維的必要環節。思維過程是運用概念、形成判斷、進行推理和論證的過程。對這些涉及概念、判斷、推理的有關問題進行嚴格審查，排除邏輯錯誤，才能保證思維的正確性。下列是論證過程的問題檢視清單：

概念是否準確？

結論和論題是否有必然聯繫？

有無偷換概念？

是否轉移論題？

有無循環論證？

歸納推理是否恰當？

演繹推理有無漏洞？

是否遵循邏輯的基本規律？

五、常見邏輯謬誤

邏輯謬誤是指不依據邏輯的論證，尤其是指論證中不符合邏輯的推論。邏輯謬誤分為形式邏輯謬誤與非形式邏輯謬誤。非形式邏輯謬誤，實質上就是前提為假的謬誤。下面介紹的每一邏輯謬誤，都分別給出了它的定義或解說、示例，以及論證中如何避免的建議。

◆推論不出

給出的論據的確能夠支撐某種結論，然而無法證明欲證明的結論。例如：

二〇一四年美國發生了五十起校園槍擊案，槍枝暴力已成「家常便飯」，因此，應該禁止私人擁有槍枝。

這裡的論據實際上可以支撐一些結論，例如「應該加強對槍枝的管理」「加大對校園的保護力度」等等，但是就本例而言，不能支持禁止私人擁有槍枝。

破解方法：分清論據與結論。檢查論據，看它們可以客觀地給出什麼結論。檢查結論，看它需要什麼論據作為支撐，然後檢查實際是否給出了這樣的論據。

◆轉移論題

轉移論題是指在論證過程中偏離正題，轉向某一次要問題，從而轉移人們對要害問題的注意力。之後的論證往往再不會回歸原題。例如：

母親：你和男朋友到哪去了？你為什麼向我撒謊？

女兒：你總是挑我的錯。

破解方法：列出論題，看論據能否支撐相應結論，如果是在對話中，繼續重複提出的問題即可。

◆偷換概念

將一些似乎一樣的概念進行偷換，實際上改變了概念的修飾語、適用範圍、所指對象等具體內涵。例如：

露西：羅賓遜真不是個男人，昨天那個酒鬼威脅說要揍他一頓，他竟然扔下我們不管溜了。

愛麗絲：他要不是男人，怎麼能有八塊腹肌呢？

露西的意思是說指羅賓遜缺乏男人氣概，沒有責任和擔當。愛麗絲偷換了她的論題，把男人定義為「擁有腹肌的男性」。

破解方法：列出論題和論據，看論據是否支持論題。

◆以偏概全

論據不充分，卻得出普遍的結論，這種邏輯錯誤就是以偏概全謬誤。與之相反的是以全概偏謬誤。例如：

上個禮拜天下雨了，這個禮拜天又下雨了。禮拜天就是愛下雨。

兩個禮拜天都下雨可能是一種巧合，僅以此得出禮拜天就是愛下雨是不恰當的。

破解方法：檢查所選用的例證，是否只有不多幾個人的觀點或者經歷？如果是，則應考慮是否需要增加證據，或者縮小結論涵蓋範圍。

◆假性因果

認為事件A之後發生了事件B，因此事件A導致了事件B。實際上，有時時間上似乎相互關聯的兩件事，並不存在因果關係，相互關聯並不等於一定存在著因果關係，這種論證謬誤被稱為假性因果。假性因果也稱作事後歸因。例如：

中午的時候有一隻蝴蝶拍動著翅膀飛過窗前，然後午後颱風就來了，那隻蝴蝶帶來了這場風暴。

蝴蝶拍動著翅膀可能是預先感知到風暴要來，也可能是別的原因導致，本例並未揭示二者存在著因果關係。

破解方法：如果要說A導致B，應說明A如何導致B，而不能僅僅因為A先發生B後發生就判定它們之間存在因果關係。

◆滑坡謬誤

如果允許A發生，則必然導致B發生。但事實上沒有充分的理由證明B必然會發生。使用滑坡謬誤的詭辯者，往往使用很長的一串級聯在一起進行推理，從A推理出B，再由B滑坡到C，最後推導出一個與A毫不相干的結論。而這些推理中，很多都不是必然出現的結果。例如：

如果我們允許聯邦通訊委員會禁止在廣播電視中播發煙草廣告，聯邦通訊委員會很快就會禁止其他類型的廣告，那麼勢必會威脅整個廣告行業，進而導致大批廣告從業人員失業，威脅到很多家庭的收入，造成社會的不穩定。因此絕對不能允許聯邦通訊委員會出台這樣的規定。

由禁止煙草廣告推出失業，屬於典型的滑坡論證。並沒有更多的理由顯示聯邦通訊委員會禁止其他類型廣告。

破解方法：檢查論證中屬於「如果A，那麼B，而如果B，則C」之類的連鎖引申，確保事件系列關聯合理。

◆類比失當

很多論證需要類比兩種或更多事物、觀點或情形。如果所比較的兩件事物就所討論的問題而言實際上並非真正類似，這種類比就不恰當，基於其上的論證也就存在「類比失當」的邏輯謬誤。例如：

槍枝和鐵鎚一樣，都是具有金屬構件的可以殺人的工具，但是限制購買鐵鎚是很荒唐的，因此限制購買槍枝也同樣荒唐。

的確，槍枝和鐵鎚都有一些共同特性，但是這些特性在決定是否需要限制購買槍枝時並非屬於要害問題。實際上，限制槍枝乃是因為槍枝很容易用於遠距離大規模殺人。這一特性鐵鎚則沒有，用鐵鎚擊殺一大群人，恐怕很不容易。因此，這樣的類比是不恰當的。

破解方法：明確對於命題來說哪些才是重要的屬性，再看所比較的兩個事物是否都具備這些關鍵屬性。

◆循環論證

又稱乞辭魔術，祈求人先同意他的前提，但是同意了他的前提，就要同意他的結論。這是一種用假設去證明假設的論證方式，實際上前提本身就是錯誤的。法國著名的喜劇作家莫里哀在《無病呻吟》一劇中，尖刻地諷刺了這種現象。劇中人醫學學士阿爾岡申請參加全國醫學會，醫學博士們正對他進行口試：

博士：……學識淵博的學士，我十分崇敬的名人，請問你，什麼原因和道理，鴉片可以引人入睡？

阿爾岡（學士）：高明的博士，承問什麼原因和道理，鴉片可以引人入睡。我的答案是：由於它本身有催眠的力量，自然它會使知覺麻痺。

全體博士：好，好，好，回答得真好。夠資格，夠資格踏進我醫學團體的大門。

這就是一種典型的循環論證了，用鴉片它本身有催眠的力量來證明鴉片能催眠，結論蘊含在前提裡，如果你承認前提，那麼就承認結論了。

破解方法：檢查一下論據所表達實質內容（但說法不同）是否與結論相同。如果是，那麼就屬於「循環論證」。要旨在於：不要把試圖論證的問題用作證據。

◆稻草人謬誤

先把對方的觀點故意曲解成一個容易推翻的版本，然後將其駁倒，就像輕輕擊倒一個稻草人那樣。然而稻草人畢竟不是真人，是不堪一擊的，所以被形像地稱作稻草人謬誤。

例如：

馬克太太：馬克，該打掃車庫了。

馬克：什麼？又要打掃車庫了，難道我要天天打掃車庫嗎？

馬克曲解了妻子的意思，把今天打掃車庫置換成每天打掃車庫了。這種論證並不能真正得分，其中存在邏輯謬誤。

破解方法：面對對手要寬容厚道，有耐心。陳述對方的論辯時應該盡量做到同樣有力、準確。

◆虛假兩難

這種論證謬誤設法讓人認為只有兩種選擇，然後排除其中之一，於是便剩下似乎是唯一的答案了。實際上往往存在很多其他選擇，但是都被論證人省略了。例如：

對於一個女人來說，應該保持好自己的體型。要麼瘦，要麼死。

這裡的問題在於沒有指出還有其他可能，論證把人置於虛假的兩難境地，讓人無法選擇，實際上還可以有更多的選擇。

破解方法：注意檢查在聲稱只能二者選一的時候，是否真的如此，是否還有其他選擇沒有提到。如果有，就不應略去不談，而應該給出排除的理由。

◆生成謬誤

試圖以某斷言的歷史或者來源為根據來反駁或贊同他人，就犯了生成謬誤。常見的表現形式有人身攻擊、因人納言等。如：

你是說柯林頓？就是那個在陸文斯基問題上撒了謊的大騙子？在環境問題上，他能提出什麼好的建議！這個蠢貨！

克林頓確實在偷情中撒了謊，但這與論證毫無關係，評價近乎人身攻擊了。

破解方法：務必專注於對方的論證，而非對方的品格。當然，如果的確是在討論某人的品格，則應例外。

◆訴諸權威

為使論證更為有力，我們往往舉出權威的資料作為參照，介紹他們對所探討問題的立場觀點。然而，如果只是舉出某個人物的大名，或者訴諸某一號稱權威但卻難說是名副其實的專家，就期望能夠影響讀者，那就犯下了「訴諸權威」的邏輯謬誤。例如：

我們應當禁止私人擁有槍枝。許多知名人士，如歐普拉都曾公開表示反對私人擁有槍枝。

雖說歐普拉在演藝方面稱得上知名人士，卻未必在政治法律上有獨到見解。歐普拉支持禁槍不能證明禁槍就合情合理，還需要更多的證據。

破解方法：要避免「訴諸權威」的謬誤，有兩個很簡單的辦法：第一，確保所援引的權威在所討論的話題方面確實是專家；第二，不要只是說「某名人讚同某觀點」之類，還應該充分闡述該權威所依據的理由或者論據。

◆訴諸大眾

因為大家都這麼認為，所以就應該如此，這就犯了「訴諸公眾」的邏輯謬誤了。這類論證中常常有「眾所周知」「大多數人認為」等語。例如：

同性婚姻是一種很不道德的行為，七百多萬的臺灣人民都這樣認為！

雖然在決定需要對什麼立法的問題上，大多數人民的意見是應該聽取的，但是大眾的意見不見得符合公平正義。

破解方法：確保沒有要求讀者因為其他所有人都相信，所以他也應該相信你的結論。

謹記：流行的觀點並非總是正確的。

◆訴諸情感

是指激起人們的同情心，從而讓人接受自己的結論的一種論證方式。它試圖以情感的方式說服他人。例如：

威爾遜是個善良的人，經常在社區幫助別人，他從超市裡偷錢一定有不得已的苦衷。幫助別人和偷人錢財沒有邏輯上的關係，這無法證明偷盜就應該獲得赦免。

破解方法：確保沒有僅僅靠激起人們的惻隱之心，從而使人們認同自己的觀點。

◆訴諸無知

斷定一件事物是正確的，只需因為它未被證明是錯誤的；或斷定一件事物是錯誤的，只需因為它未被證明是正確的。很多宗教觀點就是運用這種論證方式。例如：

幾千年來，人們一直在努力證明上帝的存在，但迄今尚無人能夠證明。因此，上帝並不存在。

與此觀點相反但存在同樣邏輯謬誤的說法則是：

多年來，人們一直試圖證明上帝並不存在，但迄今尚無人能夠證明。因此，上帝確實存在。

這兩種論證都是利用證據不足來支撐結論的正確性，對於未經證實或者證偽的問題我們應該懸置待解，而不能因為其無法證明就貿然下結論。

破解方法：仔細檢查是否存在已經指出證據不足而又依據證據不足得出了某種結論的那些部分。

六、論證與說服

有人把論證定義為說服某人接受某種觀點，這並不確切。論證是證明或支持某結論，而說服某人是贏得對方同意你的觀點，說服可能包含了某種形式的論證，但論證不是說服的主要形式，在本書第六章我們已闡明了影響說服效果的不同因素。從邏輯的角度來看，論證和說服是兩種不同的思維。的確，試圖說服別人時往往要運用論證。但論證並不總是用於說服，說服往往也不一定借助於論證。事實上，純粹邏輯性的論證說服並沒有那些能喚起人的情緒反應的說服有效果。

古希臘哲學家亞里士多德（Aristotle）在談及說服形式的論證時說，由言辭而來的說服論證有三種形式，第一種在於演說者的品格，第二種在於使聽者處於某種心境，第三種在於借助證明或表面證明的論證本身。借助情感、道德的形式佔了說服論證的三分之二。也許正因為如此，電視廣告並不單純地採用論證的方式，更多的是訴諸於情感——而在論證中，訴諸於情感的論證要歸之於邏輯謬誤了。實際上，人們往往並不接受好的論證，卻對漏洞百出的論證心悅誠服。這也是宣傳、奉承、欺騙、撒謊等屢屢得手的原因。掌握好的論證能夠讓我們識別不友好的說服、謊言和欺騙，在面臨選擇的時候，批判性思維將有助於我們做出正確的決策。而且，當我們擁有了批判性思維習慣和能力之後，大腦在接收到不正確的信息時，會自動開啟防禦性機制，使我們能夠免遭謊言的欺騙、群體的慫恿、宣傳機器的洗腦，避免淪為惡的幫兇。

作為社會化的動物，我們人類的任務就是在情緒與理智之間尋求微妙的平衡。有人說，容易被人說服是人的軟肋，可是，一個理性主義至上、對一切信息都拒斥的人不就成了唯我獨尊、故步自封的自大狂了嗎?當我們與他人建立起關聯的時候,我們如何在保持謙卑、包容的同時又能夠對說服進行批判性思考呢?我們如何能夠審慎地處理情感和理智二者之間的衝突呢?

作為一個包容的人,我們假設我們遇見的每一個人都是善良的、值得信賴的,在某方面可以充當我的老師,都有可以惠我以思想之光、遺我以行動之力的知識和美德,我願意為之傾倒、被其說服,我願意把我從他們身上學到的那些東西分享給每一個願意傾聽的人,以此來回報那些贈予我知識和美德的人們。我們深信,正因為人們的這種分享,我們才能得以消弭性別、語言、種族、地域、時空的鴻溝,建立起信任和愛的巴別塔。

作為一個批判性的思考者,我們要學會運用邏輯的思維方式,建立起大腦的防禦機制。你是否在接觸那些言之鑿鑿的信息之前就建立起心靈的防線呢?你會在未經審視之前就欣然接受特別流行的觀點嗎?做一個積極的觀察者、聆聽者、思考者和行動者吧。對我們遇見的思想、觀念、信息和人,做出反應,強迫自我與自我辯駁吧。努力尋找出它們存在的可靠的和不可靠的理由,並權衡證據,判斷什麼是合理的什麼是不合理的,什麼是善的什麼是非善的,進而決定我們應該相信什麼不能相信什麼,能做什麼不能做什麼。只有這樣,

我們才能免遭謊言、欺騙、洗腦和盲從，祛除那可怕的平庸之惡。人不是機器，人是那能思想的蘆葦：

有兩種東西，我對它們的思考越是深沉和持久，它們在我心靈中喚起的驚奇和敬畏就會日新月異，不斷增長，這就是我頭上的星空和心中的道德定律[20]

20 康德：《實踐理性批判》。

參考資料

INTRODUCTION

1. Natalie Zemon Davis.The Return of Martin Guerre. Massachusetts: Harvard University Press，1983.
2. Michel de Montaigne，by MAScreech ed.The Complete Essays. New York: Penguin Group，1993.

CHAPTER 1

1. Telford Taylor.Munich: The price of peace Hardcover.New York:Doubleday， 1979.
2. Basil H.Liddell Hart.History of the Second World War.New York: Perseus Books Group.1999.
3. Winston S. Churchill.The Second World War，volume I. London:Cassel & Co，1951.
4. Erving Goffman.The presentation of self in everyday life.New York:Doubleday Anchor，1959.
5. Robert Feldman.The Liar in Your Life: The Way to Truthful Relationships.New York: Twelve/Grand Central Publisher，2009.
6. Vasudevi Reddy.How Infants Know Minds.Cambridge，Mass: Harvard University Press， 2008.
7. Richard Dawkins.The Selfish Gene. Oxford: Oxford University Press.
8. Kang Lee & Victoria Talwar. Children and lying: A century of scientific research. Oxford: Wiley-Blackwell Publisher，2014.
9. Xu， F.， Bao， X.， Fu， G.， Talwar， V.， & Lee， K. (2010). Lying and Truth-

Telling in Children: From Concept to Action. Child development， 81(2)， 581-596.

10. GeisF，ChristieR.NelsonC.InsearchoftheMachiavelli//ChristieR，GeisF. StudiesinMachiavellianism.New York:Academic Press，1970.

CHAPTER 2

1. Paul Ekman.Telling Lies: Clues to Deceit in the Marketplace， Politics， and Marriage. New York: WW Norton & Compan，2009.

2. AustinJ.L. How to Do Things with Words， JO Urmson. New York: OUP， 1962.

3. Searle， JR Speech Acts， Cambridge， Cambridge VP， 1979.

4. Abraham H.Maslow.Motivation and Personality. New York : HarperCollins，1987.

CHAPTER 3

1. F. de Saussure， Course in general linguistics， translated and annotated by Roy Harris. London: Duckworth， 1983.

2. Vrij， A. Detecting Lies and Deceit: The Psychology of Lying and the Implications for Professional Practice. Chichester. New York: John Wiley. 2000.

3. Sigmund Freud，Translation by AA Brill.Psychopathology of Everyday Life. London : T. Fisher Unwin，1914.

4. Pamela Meyer.Liespotting: proven techniques to detect deception.New York: St. Martin『s Griffin， 2010.

CHAPTER 4

1. OJ Simpson. If I Did It: Confessions of the Killer. New York: Beaufort Books，2008.
2. Ekamn ，P.Friesen WV.Facial action coding system (FACS):manual[M]. ConsultingPsychologistsPress，1978.
3. Ekman，p.Friesen W V. Nonverbal leakage and clues to deception. Psychiatry ，1969.
4. Charles Darwin.the expression of the emotion in man and animals. London: Penguin Group.2009.
5. Ekamn ，P.Emotions Revealed: Recognizing Faces and Feelings to Improve Communication and Emotional Life. New York: Times Books， 2003.

CHAPTER 5

1. JK Rowling. Harry Potter and the Goblet of Fire. New York: Scholastic Inc.，2000.
2. Vrij， A. Detecting Lies and Deceit: The Psychology of Lying and the Implications for Professional Practice. Chichester. New York: John Wiley. 2000.
3. Paul Ekman.Telling Lies: Clues to Deceit in the Marketplace， Politics， and Marriage. New York: WW Norton & Compan，2009.
4. Theodore R. Sarbin. Narrative psychology : the storied nature of human conduct. New York:Praeger， 1986.
5. Richard Nixon. RN: the memoirs of Richard Nixon. New York: Simon & Schuster，1990.

CHAPTER 6

1. Stanley Milgram.Obedience to Authority: An Experimental View.New York:Harpercollins，1974.
2. Robert Cialdini .Influence: The Psychology of Persuasion. New York: Harper Business，

2006.

3. Louis P. Lochner.The Goebbels Diaries. New York: Charter New York.1948.

4. William Shakespeare.The Complete Works of William Shakespeare. New York: Race Point Publishing，2014.

5. Irving Janis .Groupthink: Psychological Studies of Policy Decisions and Fiascoes. New York: Cengage Learning，1982.

6. Hannah Arendt .Eichmann in Jerusalem A Report on the Banality of Evil. New York:Penguin Classics，2010.

7. William Shirer .The Rise and Fall of the Third Reich: A History of Nazi Germany. New York: Simon & Schuster.1990.

8. Carl Hovland The Order Of Presentation In Persuasion. New York: Yale University Press，Inc.，1966.

9. Randall L. Bytwerk .Julius Streicher: Nazi Editor of the Notorious Anti-semitic Newspaper Der Sturmer. New York:Cooper Square Press，2001.

10. Marc Galanter .Cults: Faith， Healing and Coercion. New York: Oxford University Press.1999.

11. Richard Ofshe & Ethan Watters.Making Monsters: False Memories， Psychotherapy，And Sexual Hysteria. Berkeley:University of California Press，1996.

12. Philip Zimbardo .The Lucifer Effect: Understanding How Good People Turn Evil. New York: Random House Trade Paperbacks.2008.

CHAPTER 7

1. Avinash Dixit， Susan Skeath&David H. Reiley Jr. Games of Stategy. New York: WW Norton & Company.2009.

2. Avinash Dixit， Barry J. Nalebuff .Thinking Strategically: The Competitive Edge in Business， Politics， and Everyday Life. New York: WW Norton & Company.1993.

3. William Vickrey.Public Economics: Selected Papers by William Vickrey. New York : Cambridge University Press.

4. Nate Silver.The Signal and the Noise. New York : Penguin Books，2015.

CHAPTER 8

1. Brooke Noel Moore. Critical Thinking. New York : McGraw-Hill，2002.

2. M. Neil Browne&Stuart M. Keeley.Asking the right questions : a guide to critical thinking，8th. NJ: Pearson Prentice Hall， 2007.

3. Irving M. Copi & Carl Cohen .Introduction to Logic. NJ: Prentice Hall，2008.

高談文化 | 華滋出版 | 拾筆客 | 九韵文化 | 信實文化 |
CULTUSPEAK PUBLISHING CO., LTD

追蹤更多書籍分享、活動訊息，請上網搜尋 拾筆客

What's Look
愛說謊：騙子的培養學

作　　者：艾瑞克・李
封面設計：曹雲淇
總 編 輯：許汝紘
編　　輯：孫中文
美術編輯：曹雲淇
總　　監：黃可家
發　　行：許麗雪
出版單位：九韵出版
發行公司：高談文化出版事業有限公司
地　　址：新北市汐止區新台五路一段99號15樓之5
電　　話：+886-2-2697-1391
傳　　真：+886-2-3393-0564
官方網站：www.cultuspeak.com.tw
客服信箱：service@cultuspeak.com
投稿信箱：news@cultuspeak.com

印　　刷：上海印刷股份有限公司
總 經 銷：聯合發行股份有限公司
香港經銷商：香港聯合書刊物流有限公司

2019 年12月初版
定價：新台幣 420 元

國家圖書館出版品預行編目（CIP）資料

愛說謊：騙子的培養學 / 艾瑞克・李著. -- 初版. --
新北市：高談文化, 2019.12
面； 公分. -- (What's look)

ISBN 978-957-0443-70-7(平裝) 1.說謊 2.欺騙

177　　108015930

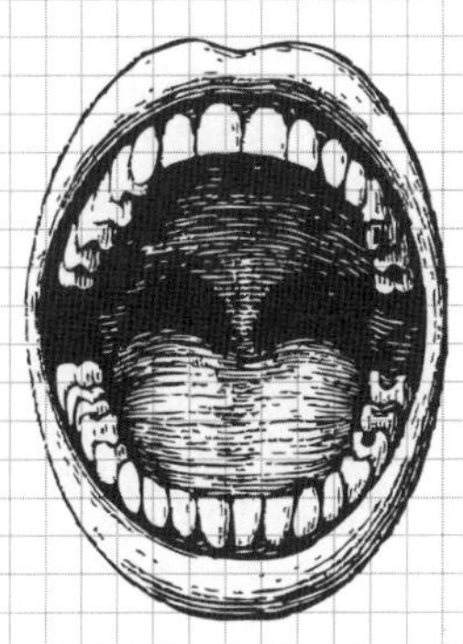

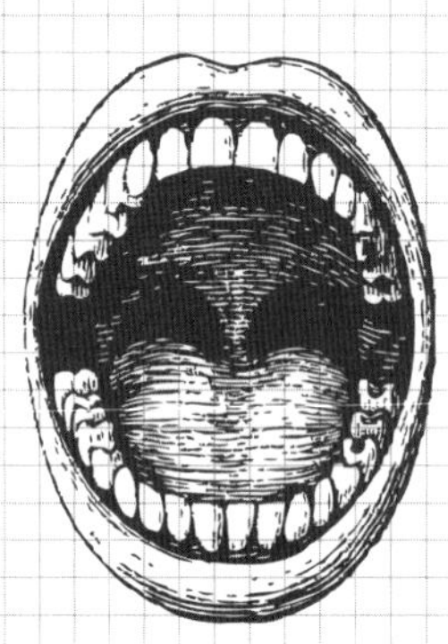